HISTOIRE ILLUSTRÉE
des châteaux
de Crozant
et des Places

FRESSELINES, ÉGUZON, CHATEAUBRUN, GARGILESSE

PAR

L'Abbé L. ROUZIER

2E ÉDITION

LIMOGES
IMPRIMERIE-LIBRAIRIE DUCOURTIEUX ET GOUT
7, RUE DES ARÈNES, 7

1905

HISTOIRE ILLUSTRÉE

des châteaux

DE CROZANT ET DES PLACES

FRESSELINES, ÉGUZON, CHATEAUBRUN, GARGILESSE

Château de Crozant, ensemble des ruines.

HISTOIRE ILLUSTRÉE

des châteaux

de Crozant
et des Places

FRESSELINES, ÉGUZON, CHATEAUBRUN, GARGILESSE

PAR

L'Abbé L. ROUZIER

2ᴇ ÉDITION

LIMOGES

IMPRIMERIE-LIBRAIRIE DUCOURTIEUX ET GOUT

7, RUE DES ARÈNES, 7

1905

À Monsieur Attale de la Marche

MONSIEUR LE COMTE,

Il est difficile d'habiter longtemps cette terre des glorieux souvenirs, marquée des pas des rois de France et des comtes de la Marche, sans prêter l'oreille aux lointains échos de la vieille forteresse, qui nous redisent encore leurs noms illustres.

Aussi bien n'ai-je pas résisté au plaisir d'en connaître l'histoire et de rappeler à mes concitoyens les faits principaux que j'ai pu recueillir et qui se rattachent à notre histoire nationale.

Ce modeste ouvrage devait aller à vous, Monsieur le Comte, comme au noble rejeton de cette haute lignée.

Je vous prie d'en agréer l'hommage, comme l'expression de ma sincère et profonde vénération.

L. ROUZIER.

ÉVÊCHÉ

Limoges, le 1ᵉʳ mars 1897.

DE

LIMOGES

✳

APPROBATION

Sur le rapport qui nous en a été fait par l'un des vénérés chanoines de notre église cathédrale, nous approuvons et nous autorisons la publication d'un ouvrage intitulé : *Histoire illustrée des châteaux de Crozant et des Places.*

Ce livre, composé par Monsieur l'abbé Rouzier, curé de Crozant, intéressera, en les instruisant, ceux qui sont jaloux de connaître les annales de leur pays.

Nous bénissons l'auteur et nous souhaitons à son travail tout le succès qu'il mérite.

† FIRMIN,
Evêque de Limoges.

AVANT-PROPOS

L'accueil flatteur qui a été fait à l'*Histoire de Crozant* nous engage à publier une nouvelle édition.

Dans le but de répondre aux désirs des touristes avides d'excursions poétiques et instructives, nous avons ajouté au premier texte une Notice sur les principales localités qui environnent Crozant et que les amants de la belle nature se plaisent à visiter : Fresselines, Eguzon, Châteaubrun et Gargilesse.

Ainsi, l'*Histoire de Crozant* sera, à la fois, un guide sûr pour le touriste, et un manuel intéressant pour le savant, suivant le vieil adage : « *Omne tulit punctum, qui miscuit utile dulci.* » (1).

(1) [Nous devons un hommage reconnaissant à M. Barray, ancien directeur de l'Ecole normale et suppléant du juge de paix d'Eguzon, pour les notes qu'il a bien voulu nous communiquer.

PRÉFACE

De tous les sites connus des provinces du Centre, il n'en est pas de plus pittoresque, de plus délicieusement sauvage, et de plus grandiose que ce petit coin de terre, qu'on a surnommé *une seconde Suisse*, Crozant avec ses ravins profonds, ses abruptes collines et sa gigantesque forteresse, entourée de deux rivières, la Creuse et la Sédelle, dont les flots rapides l'enlacent comme une immense ceinture d'azur, et semblent vouloir, par leur parure harmonieuse, égayer sa vieillesse et chanter son antique splendeur dans un hymne sans fin.

Mais quelle main assez heureuse, assez hardie pour dérober au tombeau de l'histoire les secrets du passé et nous retracer, avec son origine, les tragiques événements dont elle fut le théâtre ?

Bien des siècles ont passé sur l'antique castel, en lui laissant leur funeste empreinte.

A la place des tours orgueilleuses qui dressaient vers le ciel leurs créneaux superbes, comme pour défier l'ennemi, on ne voit plus que des monceaux de ruines, où se cachent les couleuvres et les lézards.

Les tronçons de murs déchiquetés et branlants des grosses tours et du donjon restent seuls de la grande forteresse, qui abrita si longtemps les hauts et puissants seigneurs de la Marche.

Des historiens modernes et des savants distingués ont fait sur ce merveilleux pays de précieuses études, tels que les Jouilletton, de Beaufort, Louis Duval, Albert Mazet, et d'autres encore; mais nul d'entre eux n'a conçu la pensée d'écrire une histoire générale des châteaux de Crozant et des Places depuis leur origine jusqu'à nos jours.

Profitant des études intéressantes faites à des époques diverses, nous avons essayé de rappeler, dans une œuvre nouvelle, un passé fait de grandeur et de gloire.

Heureux si, évoquant les souvenirs de la vieille France, nous avions réussi à raviver dans les cœurs les sentiments chevaleresques de nos aïeux qui ont préparé la France nouvelle !

HISTOIRE ILLUSTRÉE

des châteaux

DE CROZANT ET DES PLACES

FRESSELINES, ÉGUZON, CHATEAUBRUN, GARGILESSE

CHAPITRE I

Le Château dè Crozant

« De toutes les forteresses bàties à l'extrémité sud-ouest
» du Berry, dit M. Raynal, dans ce pays inégal et boisé, qui
» s'étend sur les rives de la Creuse et de l'Anglin, il n'en est
» pas d'aussi bien assise que celle de Crozant, placée aux
» confins de la Marche et du Berry... (1) »

Poètes, artistes, savants, romanciers, tous ont payé à cette
merveille de la nature et de l'art leur tribut d'admiration.

Ecoutons les échos de leurs brillantes descriptions :

« La montagne qui porte la vicillle forteresse, dit Géorge
» Sand, tombe à pic de chaque côté, dans deux torrents : la
» Creuse et la Sédelle, qui se réunissent avec fracas à l'extré-

(1) Louis REYNAL, *Histoire du Berry*, 1845, t. Iᵉʳ.

» mité de la presqu'île, et y entretiennent en bondissant sur
» d'énormes blocs de rochers, un mugissement continuel.

» ... Les flancs de la montagne sont bizarres, et partout
» hérissés de longues roches grises, qui se dressent du fond
» de l'abîme, comme des géants, ou pendent comme des
» stalactites sur le torrent qu'elles surplombent.

» Les débris de construction ont tellement pris la couleur
» et la forme des rochers qu'on a peine, en beaucoup d'en-
» droits, à les en distinguer de loin.

» On ne sait donc qui a été plus hardi, et plus tragique-
» ment inspiré, en ce lieu, de la nature ou des hommes, et
» l'on ne s'aurait imaginer, sur un pareil théâtre, que des
» scènes de rage implacable et d'éternelle désolation.

» Un pont-levis, de sombres poternes et un double mur
» d'enceinte, flanqué de tours et de bastions, dont on voit
» encore les vestiges, rendaient cette forteresse imprenable
» avant l'usage du canon... (1) »

Voici comment s'exprime à son tour le docteur de Beaufort :

« Semblable aux squelettes pétrifiés de ces gigantesques
» fossiles qui étonnent par leur grandeur, le château de
» Crozant offre encore des restes qui peuvent donner une
» idée de sa splendeur première.

» Ces ruines ne sont pas moins remarquables par leur
» position que par elles-mêmes... (2) »

« Il semble, ajoute Onésime Reclus, que d'une aire aussi
» fièrement accrochée à l'antique frontière d'Oïl et d'Oc, il
» aurait dû sortir une de ces familles de seigneurs dont le
» temps a fait des dynasties royales.

Ce n'est pas de la terre de Bourbon-l'Archambault, ou
» de telle autre butte entre deux vallons, qu'on aimerait à

(1) George SAND, *Le Péché de Monsieur Antoine.*
(2) De BEAUFORT, *Mémoires de la Société des Antiquaires de l'Ouest,*
1860-1881.

» voir descendre les Bourbons et les Valois, lignées tragi-
» ques, c'est de Crozant, bloc fatal, paysage de pierre entre
» deux précipices... »

Dans une lettre qu'il adressait à M. Ponsard, de l'Acadé-
mie, M. Fillioux, conservateur du Musée de Guéret, citait
Crozant comme l'une des « plus majestueuses ruines féodales
de France (1) ».

Après ces brillantes descriptions de nos plus célèbres
écrivains, écoutons le chant inspiré des poètes :

Déjà le jour tombait, le soleil qui décline
Dorait de tons moins vifs les flancs de la colline,
Tout à coup, en jetant son ombre aux alentours,
Sur un roc formidable, un sombre amas de tours,
De lourds donjons penchants, de croulantes murailles,
Comme un géant blessé qui perdrait ses entrailles,
Nous apparaît CROZANT, vaguement inondé,
De reflets qui filtraient le donjon lézardé.
La ruine exhibait, immense au clair de lune,
Les flancs déchiquetés de sa carcasse brune,
Blocs disjoints, envahis par la ronce et le houx,
Longs couloirs éventrés, hantés par les hiboux,
Seuils effondrés, arceaux béants, porches pleins d'ombres,
Comme un monde écroulé dont on voit les décombres.
Parapets chancelants, qui semblent s'accrocher
Aux arbres rabougris qui pendent du rocher,
Puissants remparts flanqués de bastions énormes,
Lourds amoncellements, écroulements difformes ;
Tout, dans ces fiers débris, farouche majesté,
Où l'immortelle main des âges a sculpté
Le tragique blason des vieux siècles gothiques,
Prenait sous vos regards des formes fantastiques.
On croirait voir, sous l'astre aux rayons tremblotants,
Comme un spectre arrêté sur les confins du temps (2).

(1) JOUILLETTON, *Histoire de la Marche et du Pays de Combraille*
(Guéret, 1814). — *Mémoires du Président Chorllon* (Guéret, 1886).
(2) Louis FRÉCHETTE, *Mémoires de la Société royale du Canada.*

Abandonné à son rêve, le poète voit sous ses regards une de ces scènes terribles si fréquentes au moyen âge :

> Soudain il nous sembla, cachés dans la pénombre,
> Voir s'animer au loin la forteresse sombre.
> Nous entendons gronder herses et pont-levis,
> Et les vaillants barons, de leurs archers suivis,
> Bardés de fer, la lance au point, panache en tête,
> Fiers chevaucheurs sonnant leurs fanfares de fête,
> Ainsi que le vautour, qui des grands monts descend.
> Les guerriers, altérés de victoire et de sang,
> Vont surprendre la ville, ou battre la campagne ;
> Leur file se déroule aux flancs de la montagne ;
> Ils vont : ...et les hauts faits de ces rudes tueurs,
> Embrasent l'horizon de sinistres lueurs ;
> Puis, sanglants, épuisés, dans ces affreux carnages,
> Harassés, d'une nuit de meurtre et de ravages,
> Essuyant leur flamberge aux mousses du sentier,
> Vers les monts sourcilleux de leur repaire altier,
> Nous voyons remonter ces nouveaux Alexandres,
> Laissant fumer, au loin, quelques hameaux en cendres.
> O castels féodaux, jadis si pleins de bruits,
> Comme on aime à rêver sous vos créneaux détruits !...
> . . . .

Un de nos poètes romantiques les plus remarquables, H. de Latouche, exprimait ainsi sa joie de visiter la vieille forteresse (1) :

> Nous irons de Crozant visiter les décombres,
> Voir, lorsqu'un soleil d'or en pénètre les ombres,
> Seul roi, seul habitant des foyers entr'ouverts,
> Les lézards au soleil livrer leurs anneaux verts,
> Quand la fleur de Noël, au fond de nos vallées,
> A frémi sous le dard des premières gelées,

(1) *Album pittoresque de la Creuse*, 1833.

Nous irons de l'automne entendre ici la voix,
Fouler d'un pied rêveur la couronne des bois.
Près des flots jaunissants, sur le roc solitaire,
Voir passer des corbeaux, le vol triangulaire,
Admirer ces trésors, ces fils mystérieux,
Qu'avait tissés la Vierge et qui tombaient des cieux.

. . . .

Le chantre de la nature, Maurice Rollinat, ne pouvait manquer d'apporter sa note harmonique dans ce concert de la pléiade artistique (1) :

> Ami de la vache qui broute,
> Du vieux chaume et du paysan,
> Dès le matin, je prends la route
> De Châteaubrun ou de Crozant.

A la poésie qui a célébré dans des chants enthousiastes ces merveilles de la nature et de l'art, s'est unie la peinture qui leur a consacré ses plus riches couleurs.

Tout le monde connaît les superbes tableaux dus aux pinceaux inspirés des Galerne, des Hareux, des Guillaumin, des Villier, des Detroi, des Bergeron, des Alluaud, des Charrier, des Madeline, et tant d'autres, non moins célèbres, dont nous regrettons de ne pouvoir citer tous les noms.

(1) ROLLINAT, *Dans les Brandes*. (Paris, Charpentier, 1883).

Au bas des ruines

CHAPITRE II

Origine de la Forteresse

« Le nom de Crozant, primitivement écrit *Crosenc,* est
dérivé du nom de la Creuse, *Crosa,* et du suffixe roman *enc,*
indiquant la provenance, la filiation, lequel est d'origine
germanique (1) ».

Crozant doit sa célébrité à la forteresse bâtie sur les bords
escarpés de la Creuse. La situation particulièrement forte de
cet emplacement l'avait fait choisir comme lieu de défense
dès une époque très éloignée.

Les Gaulois qui, les premiers, ont habité ce pays, n'ont pas
manqué de transformer ce merveilleux promontoire en un
camp retranché, à l'abri des attaques de l'ennemi.

(1) Albert MAZET, *Crozant* (Limoges, Vᵉ Ducourtieux, 1895.)

Les monuments celtiques répandus aux alentours sont une preuve évidente de leur paisible habitation dans ce pittoresque coin de terre, dès les temps les plus reculés.

A Crozant pas une touffe d'herbe qui ne recèle un trésor, pas une pierre qui ne rappelle une histoire. Il suffit, pour la connaître, de soulever le voile étendu sur elle par la main inexorable du temps.

Ici, c'est une statue gauloise, représentant la déesse de la Fécondité (2).

CROZANT Statue Gauloise de la Fécondité.

Ailleurs, c'est une serpe d'or trouvée dans l'intérieur d'un dolmen élevé sur les hauteurs d'un hameau voisin de la forteresse (3).

C'est bien là que, sous le portique infini des étoiles, nos

(2) Il y a environ vingt ans une statue gauloise représentant la déesse de la Fécondité a été trouvée au milieu d'un monceau de pierres et de terre, auprès de l'église. Cette statue, qui mesure 80 centimètres de hauteur sur 30 de largeur est placée sur le mur du jardin de M. Boudot, ancien maire de Crozant.

(3) Un habitant du hameau de Saint-Jalet (Indre), trouva, il y a peu de temps, une serpe d'or, au milieu d'un dolmen élevé sur un monticule couvert de bois ; cet objet, vendu à vil prix, est actuellement au Musée d'Issoudun.

ancêtres avaient leurs autels et leurs idoles adorées et encen-
sées pieusement.

Que le Christ, lumière du monde, apparaisse, et les autels
des faux dieux seront renversés, et leurs idoles tomberont
de leur piédestal, et sur leurs débris épars s'élèvera le temple du vrai Dieu ; la croix y sera plantée, comme l'étendard
glorieux chargé de guider l'humanité régénérée dans sa
marche triomphale à travers les siècles.

De ce peuple primitif, il n'est resté que le souvenir de son
courage et de sa vaillance.

Après les Gaulois, les Romains qui ont promené dans toute
la province leurs légions victorieuses, bâtissant çà et là des
villes importantes : telles que Chambon (*Cambonium*), Toulx-
Sainte-Croix (*Tullum*), Evaux (*Evahonum*), Felletin (*Felle-
tinum*), Ahun (*Acitodunum*), et, plus près de nous, Argenton
(*Argentomagus*), Breith, près La Souterraine. Pouvaient-ils
négliger ce coin de terre si important au point de vue stra-
tégique, comment n'auraient-ils pas ajouté à la forteresse
gauloise de nouveaux travaux pour la défense de leurs villes ;
car c'était l'usage, chez les Romains, ainsi que chez les
peuples envahisseurs, de bâtir des forteresses et des châteaux, principalement sur les hauteurs, pour se protéger
contre les attaques de leurs ennemis.

Nous avons ici de nombreuses traces de l'occupation romaine ; de vastes plaines qui portent les noms caractéris-
tiques de : Chartrie (*castri*, camp), Quatre-Mault (*castri
mutatio*), où l'on voit encore des tumuli, des fossés larges et
profonds, et où l'on a trouvé, ces derniers temps, des urnes
funéraires et de nombreux ossements en divers lieux près
du hameau appelé l'Age-Quatre-Mault.

Dans l'antique bourgade de Crozant on a trouvé, à diverses
époques, plusieurs pièces de monnaies romaines du haut
empire, des débris d'amphore, des armes au milieu de nombreux ossements, enfermés dans des urnes cinéraires.

Récemment encore on découvrait dans un champ d'un hameau voisin (Jaunon), une urne en verre de couleur bleuâtre, renfermant des ossements, portant des traces visibles d'incinération.

Réfugiés dans cette contrée moins en conquérants qu'en fugitifs, les Visigoths y ont bâti, d'après Jouilletton, « plusieurs » châteaux pour défendre la frontière de leur État, soit contre » les attaques des Armoriques ou des Romains, soit contre » les invasions des nations germaniques », qui cherchaient des établissements dans les Gaules ; or, parmi ces châteaux, on distingue ceux de. Sermur, Bridiers, Chamborand, Peyruse, Crozant.

Au temps d'Alaric, Crozant était une forteresse importante qui protégeait les frontières septentrionales des Visigoths dans les Gaules. A cette époque, les barbares envahisseurs avaient choisi comme points stratégiques dans la Marche : Haute-Serre (*Alta Serra*), Crocq, Sermur, Bellegarde, Thauron et Crozant.

Il est un fait remarquable, c'est que nous avons un hameau de la commune qui porte le nom de Champgothin (*campus Gothorum*).

Lorsque Clovis, en 507, vainquit Alaric II à la bataille de Vouillé, et se fut emparé de toute l'Aquitaine, dont Crozant faisait partie, il confia le gouvernement de cette province à des comtes qui l'administrèrent, au nom de son fils Théodoric ou Thierry.

A Thierry succéda son fils Théodebert qui gouverna l'Auvergne, la Marche et le Limousin, et dut avoir Crozant en sa possession. Après lui, la forteresse passa successivement au pouvoir de Clotaire Ier, de Caribert, roi de Paris (561-567), et de Clotaire II qui réunit sous sa domination toute la puissance monarchique des Francs (613).

A la mort de Clotaire II, l'Aquitaine, et par suite Crozant, se souleva et prit pour roi Caribert, frère de Dagobert Ier, qui ne la garda que trois ans.

Après ce prince, elle conserva son indépendance, comme duché relevant de la couronne, et non plus comme royaume à part.

Boggis et Bertrand sont les premiers ducs héréditaires (637), sous là condition de foi et hommage envers le roi Dagobert.

Eudes, fils de Boggis, voyant ses États envahis par les Arabes, sous la conduite de l'intrépide Abdérame, implora le secours de Charles-Martel, duc redoutable des Francs. Il passa la Loire, battit les infidèles à Moussais, au confluent du Clain et de la Vienne, au nord-est de Poitiers (732).

Une tradition, fort accréditée dans le pays, veut que les Sarrazins établis dans l'enceinte de la forteresse en aient construit les premières tours, que de savants archéologues attribuent au XIIIe siècle. Mais ils n'auraient occupé cette place que fort peu de temps. Ils en furent chassés par les troupes victorieuses de Charles-Martel et de Pépin-le-Bref (1).

Ici un fait remarquable s'impose à l'attention.

Nous avons un hameau situé au sommet d'une superbe colline, dominant les deux bassins de la Creuse et de la Sédelle, qui porte le nom étrange de Mont Sarrazin (*Mons Sarracenus*), et on trouve çà et là le type très marqué de la race Arabe, l'homme fourbe, rusé, voleur, né pour la servitude et prêt à la révolte.

Ce qui est certain, c'est qu'à cette époque, les successeurs d'Eudes, Hunald et Waïfre, engagèrent contre Charles-Martel, Pépin et Charlemagne une lutte terrible, dont Crozant eut beaucoup à souffrir.

En 780, le grand empereur Charlemagne proclama son

---

(1) Nous devons ces renseignements à la bienveillance de M. Barage, ex-professeur d'école normale à Châteauroux.

fils Louis roj d'Aquitaine. Mais comme le prince n'était âgé
que de trois ans, il fut envoyé dans le pays sous la direction
du duc Arnold, ministre sage et habile, qui pourvut à la
sûreté du royaume, en établissant sur toutes les marches ou
frontières des chefs chargés de les garder et de les défendre.

Crozant était alors une des quatre résidences princières
du royaume, où le monarque venait chaque année, passer
un quartier d'hiver.

« *Ivit Carolus in castellum Crosæ* » (1).

Lorsque, en 830, le second des fils de Louis le Débonnaire,
Pépin d'Aquitaine, se révolta contre son père, le monarque
irrité, après avoir tenu une diète à Orléans, se rendit à la
maison royale de Crozant, où il fit venir le prince rebelle
pour lui adresser de légitimes remontrances.

Le prince obéit, et il reçut l'ordre de se rendre en exil à
Trèves ; mais il se fit enlever par ses partisans et continua la
lutte contre son père, avec l'aide de ses deux frères Lothaire
et Louis. Poursuivi à outrance, emprisonné par ses perfides
enfants, l'infortuné monarque fut contraint de renoncer à la
couronne.

A la mort de Pépin Ier, en 838, Louis le Débonnaire, rétabli
sur son trône, donna l'Aquitaine à son fils Charles le Chauve,
au préjudice du jeune Pépin II, gardé à la Cour comme dans
une prison. Ayant réussi à s'échapper, le jeune prince sou-
lève en sa faveur presque toute l'Aquitaine, et Charles le
Chauve ne pouvant rester au château de Crozant, se retira
sur la Loire.

Quand, après la bataille de Fontenay, près d'Auxerre, en
842, où Lothaire et Pépin furent défaits par Charles le
Chauve et Louis le Germanique, le traité de Verdun, en 843,
décida irrévocablement, en principe, le partage de tout
l'empire des Francs.

---

(1) Archives de Lourdoueix-Saint-Michel. — JOUILLETTON, *Histoire de
la Marche et du pays de Combraille.*

L'Aquitaine fut réunie aux États de Charles le Chauve, malgré les efforts que fit Pépin II pour revendiquer, les armes à la main, l'héritage de son père.

Vaincu par son oncle, le prince malheureux finit ses jours dans l'abbaye de Saint-Médard, près de Soissons, où il avait été enfermé (864).

Son royaume devint un des grands duchés, gouverné, sous la haute autorité du roi de France, par des ducs, ayant sous leurs ordres des comte et des vicomtes, commandant les troupes, rendant la justice et percevant les impôts.

Ainsi que les autres duchés, celui d'Aquitaine se démembra en diverses seigneuries, dont une des principales fut le comté de la Marche qui, dans le principe, comprenait la Marche proprement dite et le Limousin.

En l'an 858, Geoffroi Ier, tige de la maison de Charroux, et petit-fils de Roger, comte de Limoges, fut installé comte de la Marche.

Après lui, son fils Geoffroi II de Charroux hérita de son apanage, mais il ne le garda que quelques années, car en 867, Vulgrin, de la maison d'Angoulême, s'intitule comte de la Marche.

Ses successeurs, jusqu'en l'an 962, sont successivement Alduin, Guillaume et Bernard, toujours de la maison d'Angoulême.

Jusqu'ici, la Marche avait dépendu du Limousin ; mais, à cette époque, elle en fut détachée et donnée en apanage à Boson le Vieux, petit-fils de Geoffroi Ier de Charroux.

A la mort de Boson le Vieux, son comté fut divisé en deux autres : la Haute et Basse-Marche, à la tête desquels furent placés ses deux fils puînés, Aldebert Ier, qui succéda à son père dans la Haute-Marche, et Boson II, dans la Basse-Marche, tandis que leur frère aîné, Hélie Ier, héritait du comté de Périgord.

Sous Boson II, Gérald de Crozant, vicomte de Bridiers, donna la bourgade connue sous le nom de *villa Sosteranea* (aujourd'hui, la ville de La Souterraine), aux moines de l'abbaye de Saint-Martial de Limoges (le 9 août 997.) (1).

On sait que Hugues Capet, ayant adressé fièrement cette question à Aldebert : « Qui t'a fait comte ? » celui-ci répondit non moins fièrement : « Ceux qui t'ont fait roi ! »

Quant à Boson II, il guerroya contre Guillaume le Grand, duc d'Aquitaine, fut fait prisonnier, et, après avoir recouvré sa liberté, se défendit vaillamment contre le roi Robert (997). L'année suivante, il fonda le Moutier-d'Ahun, célèbre abbaye dont les bâtiments claustraux n'existent plus, mais dont l'église a mérité d'être classée comme monument historique, à cause de ses merveilleuses boiseries. Aldebert ayant réuni, après la mort de ses deux frères, le Périgord et les deux Marches sous son autorité, laissa le Périgord à son fils Hélie II, et les deux Marches à son second fils Bernard II.

Les successeurs de Bernard II furent Aldebert II et Boson III.

A la mort de Boson III, sa sœur Almodis, ayant épousé Roger de Montgommeri, fit passer le comté de la Marche de la maison de Charroux à la maison de Montgommeri (1091).

Aldebert III, Eudes et Boson IV, fils de Roger et d'Almodis, gouvernèrent ensuite conjointement la province dont ils se virent enlever une partie importante, y compris Crozant, par les seigneurs de Lusignan, alors tout puissants dans la Marche.

(1) *Bulletin de la Société archéologique et historique du Limousin*, tome XL.

D'après l'*Histoire de la Marche* (p. 131), ce serait « en 1018, que Gérald, vicomte de Crozant, céda à l'église de Saint-Martial la ville de La Souterraine, en présence de l'évêque de Limoges, du duc d'Aquitaine et de plusieurs autres seigneurs distingués ».

La Creuse

CHAPITRE III

Les comtes de la Marche aux temps féodaux

La famille de Lusignan, illustre déjà par la double couronne de Jérusalem et de Chypre, qu'un de ses membres avait si glorieusement portée, dont les fiefs remplissaient quatre provinces en France, sans compter trois comtés en Angleterre, possédait encore une partie du comté de la Marche, qu'elle avait conquise sur Henri d'Outre-Mer.

Le cri sublime des premiers croisés : DIEU LE VEUT ! dont avaient retenti les montagnes d'Auvergne (1095), avait été entendu jusqu'au pays de la Marche. L'infortuné Aldebert IV, fils de Bernard III, prit la croix.

En quittant la France, qu'il ne devait plus revoir, il vendit ce qui lui restait du comté de la Marche au roi d'Angleterre,

Henri II, au prix de 5.000 marcs d'argent. L'acte fut passé à
Grandmont en 1177. Mais Geoffroi de Lusignan et ses frères,
héritiers d'Aldebert, n'acceptèrent pas cette vente, et, en l'an
1199, Hugues IX de Lusignan, époux de Mathilde, réunit sur
sa tête le gouvernement de toute la Marche, dont Crozant
était la principale forteresse.

Hugues IX de Lusignan, que les contemporains ont surnommé le Brun, et à qui la tradition attribue la fondation de
Chateaubrun, suivit d'abord la fortune du roi de France, dans
la lutte contre Jean-sans-Terre, et par un retour étrange de
ses sentiments, on le vit, peu après, embrasser la cause du
meurtrier d'Arthur de Bretagne. Son successeur, Hugues X
de Lusignan, s'unit, en 1227, aux seigneurs qui, pendant la
minorité du roi Louis IX, avaient pris les armes contre la
régente, Blanche de Castille.

Poussé par l'orgueil de sa femme, Isabeau, veuve de Jean-
sans-Terre, mère de Henri III, roi d'Angleterre, et de Marie,
femme d'Othon IV, empereur d'Allemagne, Hugues X refusa
l'hommage à son suzerain immédiat, le comte Alphonse de
Poitiers, frère du roi Saint-Louis. Il appela à son aide, en 1242,
le roi d'Angleterre, fils de sa femme, mais tous deux, vaincus
à Taillebourg et à Saintes, implorèrent la paix du vainqueur.

Saint-Louis s'empara des châteaux de Crozant et de la Borne.

Avec quelle joie les habitants de la contrée ne se pres-
saient-ils pas autour du glorieux monarque, luttant pour la
liberté et l'indépendance de son peuple. Comme ils étaient
heureux de saluer de leurs acclamations enthousiastes l'étendard du grand roi, symbolisant toutes les gloires de la religion et de la patrie (1).

---

(1) Dans les décombres d'une habitation du bourg, on a trouvé de
nombreuses pièces d'or et de cuivre, frappées à l'effigie de Louis IX.
Nous connaissons une famille qui en possède encore deux.

On a trouvé aussi un fer de lance de 36 centimètres de long, qui
présente tous les caractères du xiiie siècle. Il est en la possession de
M. Alluaud.

Le pardon ne fut accordé au comte de la Marche, qu'aux conditions les plus dures (1).

Le 3 août 1242, le comte de Lusignan, s'engageait, en garantie de la paix, à remettre à son vainqueur, trois de ses châteaux : Merpins, Château-Larcher *(Castrum Achardi)* et Crozant. Les deux premiers devaient rester soumis à l'autorité royale pendant quatre ans, et le dernier pendant huit. Les frais de garde, laissés à la charge de Hugues de Lusignan, étaient taxés à raison de deux cents livres, chaque année, pour Merpins et Château-Larcher ensemble, et à raison de deux cents livres pour Crozant seul.

Ce simple rapprochement prouve clairement que la citadelle marchoise était de beaucoup plus importante que la plupart des donjons féodaux.

C'est à cette époque (1217-1245), que la célèbre Isabelle d'Angoulême fit élever la grosse tour *(turris magna)* du château de Crozant (2).

« Depuis la défaite d'Hugues de Lusignan, une inimitié latente ne cessa d'exister entre les comtes de la Marche et leurs suzerains ; on peut le supposer, du moins, en parcourant l'interminable série des griefs qu'une comtesse de la Marche articulait vers 1254, environ douze ans après les événements qui viennent d'être relatés, contre le sénéchal du Poitou, un certain Thibaud de Neuvy. Celui-ci entretenait, outre un chevalier, treize sergents, qui paraissent avoir fait assaut entre eux de vexations et de concussions dans la province soumise. Pour me renfermer étroitement dans mon sujet, je relèverai seulement la protestation de la plaignante contre l'arrestation arbitraire de Monseigneur Pierre Lareau,

---

(1) Dans l'acte de soumission daté du 1ᵉʳ août 1242, figurent Isabelle d'Angoulême, comtesse d'Angoulême, qualifiée de reine, titre qu'elle tenait de son premier mariage avec Jean-sans-Terre, et Hugues, seigneur de Châteaubrun. A. MAZET, *Crozant*, p. 16.

(2) *Chroniques de Saint-Martial*, par Duplès-Agier, page, 21, en note.

chevalier, châtelain de Crozant, qui avait refusé de remettre
les clefs du château à Laurent d'Etampes, bas sergent (*bedea*)
du sénéchal. Nous ignorons malheureusement ce qu'il advint
dans la suite de cette querelle (1). »

Hugues XI de Lusignan, qui hérita de la terre seigneuriale de Crozant à la mort de son père, n'est guère connu
dans l'histoire que par l'acquisition qu'il fit, en 1260, de la
vicomté d'Aubusson, que lui vendit Raynaud VII à son retour
de la croisade.

Il eut pour successeur Hugues XII de Lusignan, puis
Hugues XIII, qui vendit, en 1301, le comté de la Marche à
Philippe-le-Bel, malgré les efforts de son frère Guy pour
conserver ce fief à la famille.

Héritière du comté de la Marche en 1308, Marie de Lusignan le céda définitivement au roi de France, Philippe-
le-Bel, qui l'érigea en pairie en faveur du plus jeune de ses
fils, Charles, devenu lui-même roi de France, quelques
années plus tard, sous le nom de Charles-le-Bel.

(1) A. MAZET, *Crozant.*

Armes des comtes de la Marche

La Sédelle

CHAPITRE IV

Les comtes de la Marche de 1327 à 1527

En 1327, Charles-le-Bel échangea le comté de la Marche avec Louis de Bourbon contre le comté de Clermont en Beauvaisis, et depuis cette époque jusqu'en l'an 1435, il appartint aux membres de la famille de Bourbon.

Louis Ier, comte de Clermont et de la Marche, était fils de Robert de France, sixième fils de Saint-Louis, et de Béatrix de Bourgogne.

Son fils, Pierre Ier de Bourbon, nomma Guillaume Foucault, fils de Gui Foucault, seigneur de Saint-Germain-Beaupré, capitaine gouverneur du château de Crozant, et par lettres patentes du mois de juin 1347, il lui donne plein pouvoir de contraindre ses sujets à prendre les armes pour la défense de cette place si importante.

Après la bataille de Poitiers (1356), où l'élite de la noblesse française avait péri, le Prince-Noir, enhardi par ses succès, envahit le Limousin, où il sema l'épouvante et le carnage. De Limoges, il vint assiéger La Souterraine, qui ne lui résista pas, puis il dirigea ses troupes sur Crozant, défendu alors par Guillaume III Foucault, seigneur de Saint-Germain-Beaupré (1).

Ce vaillant capitaine enflamma si bien le courage de ses troupes, qu'elles accomplirent des prodiges de valeur et opposèrent à l'ennemi la plus opiniâtre résistance. Après de vains efforts, le farouche assaillant fut contraint de lever le siège.

Prenant à leur tour l'offensive, les assiégés, entraînés par leur vaillant capitaine, poursuivirent avec une ardeur féroce leur redoutable ennemi, dont les troupes essuyèrent, dans leur fuite, de grandes pertes.

Cette bataille fut une des plus sanglantes de l'histoire de Crozant, comme le prouve les nombreux ossements et les armes découverts dans les substructions des bâtiments récemment élevés dans notre bourgade.

La forteresse eut beaucoup à souffrir des assauts de l'ennemi.

Les successeurs de Pierre Ier, de Bourbon, dans le comté de la Marche, dont Crozant demeurait toujours la principale forteresse, furent successivement Jacques Ier de la Marche, connétable de France, mort en 1361; Jean Ier, comte de Vendôme et duc de Bourbon, mort en 1393, et Jacques II de Bourbon, qui, en 1436, transmit le comté à son gendre, Bernard d'Armagnac, descendant des rois d'Espagne et des anciens ducs d'Aquitaine.

(1) « Guillaume III Foucault fut investi du commandement du château de Crozant par Pierre Ier, duc de Bourbon, comte de Clermont et de la Marche, en vertu de lettres patentes du 3 juin 1347 ». Camille JOUHANNEAUD, *La Souterraine, Bridiers, Saint-Germain-Beaupré et ses seigneurs,* p. 48.

« Parmi les vassaux qui rendaient hommage, en 1373, à Jean de Bourbon pour sa châtellenie de Crozant, nous voyons figurer Guy de Chauvigny, tout à la fois seigneur de Châteauroux et vicomte de Brosse. Entre autres possessions dont il fit aveu, nous remarquons le château de Dun-le-Pallestel (Dun-le-Palleteau), la rue d'Aigurande, la quarte partie de la justice de Naillat.

» Jacques II de Bourbon, par un acte daté de Naples 1419, relevait de ses fonctions de capitaine du château de Crozant « son très chier et amé cousin le sire de Pérrusse » et en investissait messire Guérin, seigneur de Brion, son lieutenant et gouverneur général dans toutes ses terres et pays de France et de Hainaut. Le nouveau titulaire était invité à prendre possession « des provisions, garnisons, garnimens d'artillerie et autres habillements de guerre » existant à Crozant; pouvoir lui était en outre donné, s'il rencontrait quelques personnes qui fissent opposition à l'exécution des présentes lettres, de les « contraindre par la prinse, emprisonnement et détencion », plus, si besoin en était, par la saisie de leurs châteaux, forteresses et autres biens quelconques. Les officiers et vassaux devaient obéissance au nouveau capitaine comme au comte lui-même, et c'était à lui que, désormais, le trésorier de la province servirait les gages et profits attachés à la fonction (1). »

Guillaume IV Foucault, capitaine-gouverneur de la Marche, et par suite de Crozant, était en même temps capitaine général du Berry, de l'Auvergne et du Bourbonnais. C'est lui, qui s'illustra au célèbre tournoi de Bordeaux (1389), où cinq chevaliers anglais furent proclamés vainqueurs dans cette lutte, noble enjeu en l'honneur des deux nations; Albert Foucault, fils du précédent, qui à la tête des troupes de la

(1) A. MAZET, *Crozant,* p. 17.

3

Marche, du Limousin et du Nivernais résista courageusement aux Anglais.

Charles VII, encore Dauphin, en reconnaissance de ses bons et loyaux services, lui octroya en 1418 des lettres patentes, par lesquelles il lui accordait le pouvoir de recevoir à grâce et à merci tous les rebelles, de visiter les villes et les châteaux de Guienne, de faire fortifier ou raser ceux qu'il voudrait, de suspendre tous chefs ou capitaines, d'assembler le conseil des États et d'en faire exécuter les délibérations. Enfin, le célèbre Jean Foucault, fils aîné d'Albert, qui se signala en combattant contre le fameux Talbot, et contre Jean, duc de Bedford, sous l'étendard de l'héroïne Jeanne d'Arc, et qui devint plus tard maréchal de France.

Le comté de la Marche, que nous avons vu transféré à la maison d'Armagnac, fut confisqué par Louis XI, et passa des mains de Jacques de Nemours, prince de cette famille, entre celles de Pierre de Bourbon, qui le donna en dot à sa fille Suzanne, mariée à Charles II, comte de Montpensier, dauphin d'Auvergne et connétable de Bourbon.

L'histoire nous a dit comment ce Jacques de Nemours, qui devait sa fortune à Louis XI, avait plusieurs fois violé ses serments de fidélité et tenté de détrôner le roi, à la tête des ennemis de l'État. Le roi, indigné de sa conduite, le fit prendre, jeter en prison, torturer, puis décapiter aux Halles (1477), et confisqua tous ses biens.

Lorsque, à son tour, le connétable de Bourbon, devenu traître à son roi et à son pays, périt en montant à l'assaut de Rome le 6 mai 1527, le comté de la Marche fut de nouveau confisqué par François Ier et érigé par lui en pairie au profit de Charles de France, son troisième fils (1540).

Après la mort de ce prince, ce comté fut définitivement réuni à la couronne et donné seulement en apanage aux princes et princesses de France. C'est en cette qualité que la Marche appartint successivement jusqu'en 1789 à :

Louise de Savoie, mère de François Ier ;

Louis-Charles de Bourbon, fils d'Antoine, roi de Navarre ;

Jean, duc d'Anjou, qui devint roi, sous le nom d'Henri III ;

Elisabeth d'Autriche, veuve de Charles IX ;

Louise de Lorraine de Vaudemont, veuve d'Henri III ;

Marie de Médicis, veuve d'Henri IV ;

Anne d'Autriche, veuve de Louis XIII ;

Henri de Bourbon, fils de Henri de Bourbon, prince de Condé ;

Louis-Henri de Bourbon, frère du précédent ;

François-Louis de Bourbon-Conti ;

Louis-François-Joseph de Bourbon-Conti.

La plupart de ces illustres familles habitèrent le château aux temps de sa splendeur.

CHAPITRE V

Les Foucault à Crozant

Sous François Ier, Jacques Foucault, fils d'André, fut nommé, par lettres de provision, le 30 novembre 1535, lieutenant général dans la Marche, et son fils Gabriel Foucault, Ier du nom, fut chargé en 1542 et 1544 de la conduite du ban et de l'arrière-ban de la province de la Marche.

Pendant les guerres de religion, la Marche, et particulièrement le château de Crozant, eut sa part d'épreuves et devint le théâtre d'une lutte terrible contre les huguenots.

Henri de Navarre ayant été reconnu roi dans la Marche, établit le célèbre Gaspard Foucault, second fils de Gabriel Foucault, seigneur de Saint-Germain-Beaupré, gouverneur de toutes les places qui tenaient pour son parti dans la Marche et le Berry.

Investi de cette haute dignité et entraîné par une aveugle

ambition, ce fougueux capitaine ne rougit pas d'embrasser l'hérésie et de se mettre à la tête des huguenots.

L'illustre maréchal de France Jean d'Aulmont, gouverneur de Dun-le-Palleteau, chef des Ligueurs dans la Marche, s'empara de plusieurs places appartenant à Jean Foucault (1530). Au nombre de ces places se trouvait le château de celui-ci, Saint-Germain-Beaupré, qui fut dévasté par les Ligueurs (1).

Furieux de ces défaites successives et surtout de la prise de son château de Saint-Germain, Gaspard Foucault ne tarda pas à diriger ses troupes sur Châteauponsac et le prieuré d'Artige qu'il prit et rançonna sans merci.

Enhardi par ces victoires faciles, Gaspard se mit à la poursuite du sieur de Toirac, chef ligueur, qui s'était réfugié au Moustier d'Ahun ; mais il tomba mortellement frappé d'une arquebuse (1591). Ainsi le fanatique apostat termina par une mort sans gloire une vie sans honneur.

A cette époque, la terre des seigneurs de Crozant fut plus d'une fois ensanglantée par leurs luttes fratricides avec les comtes d'Eguzon, de Bridiers et de Chamborand. Ici, la légende s'ajoute à l'histoire, et l'éclaire d'une lueur précieuse.

On raconte que les deux fils du seigneur de Crozant s'étaient épris d'une violente passion pour la belle demoiselle Marguerite de Chamborand, fille de Gaspard de Chamborand, seigneur de la Clavière. Mais en vain l'aîné des deux frères s'efforçait, par ses assiduités et ses riches présents, de gagner ses faveurs, la belle châtelaine aimait le plus jeune.

Jaloux d'avoir dans son frère un rival préféré, les plus sinistres desseins germèrent dans son esprit. Un jour, il proposa à son frère d'aller faire une visite amicale au noble châtelain. Arrivés sur les bords de l'étang qui se trouve à une

(1) Camille JOUHANNEAUD, loco citato, p. 56.

faible distance du vieux manoir de la Clavière, le traître, comme autrefois Caïn, se rue sur son frère, lui plonge un poignard dans le sein et jette son corps inanimé et sanglant dans les eaux paisibles de l'étang. Le lendemain, les passants apercevaient le cadavre de la triste victime flottant sur l'onde rougie de sang.

Le bruit de ce crime affreux ne tarda pas à se répandre dans toute la contrée, où il provoqua un grand émoi, et le peuple attacha à ce triste lieu le souvenir de la mort tragique du jeune châtelain de Crozant et le nomma l'étang du *Mauvais pas*.

On comprend sans peine qu'à la suite des formidables assauts qu'elle eut à soutenir, pendant une longue période de guerres intestines ou avec l'étranger, la forteresse ait eu la plupart de ses tours démantelées, ses murs démolis, son donjon mutilé.

Cependant, en 1605, elle conservait encore de magnifiques restes de sa splendeur passée.

L'histoire nous apprend qu'Henri IV, devenu roi, voulant apaiser à leur naissance les troubles résultant de la conspiration du comte d'Auvergne et du duc de Bouillon, se décida à parcourir, avec une petite armée, les provinces du Centre et du Midi. Il partit d'Orléans le 20 septembre, fit son entrée solennelle à Limoges le 20 octobre suivant, demeura dans cette ville jusqu'au 23 du même mois, pour aller, le même jour, à La Croix du Breuil. Il traversa La Souterraine pour se rendre à Saint-Germain-Beaupré, qu'il avait promis de visiter, car il n'oubliait pas ses compagnons d'Arques et d'Ivry, Gaspard Foucault, tué à son service en 1591, et son fils Gabriel Foucault, seigneur de Saint-Germain (1). En passant, le roi visita la grande forteresse, qui excita vivement

(1) Camille JOUHANNEAUD, ouvrage cité.

son admiration. Le roi arriva à Saint-Germain le 24 octobre
1605, accompagné de Sully et d'une nombreuse suite. Il
coucha au château et en repartit le lendemain 25.

En 1624, Gabriel Foucault céda au roi son gouvernement
d'Argenton, et il en reçut, en échange, le gouvernement de
la Haute et Basse-Marche, qui était de beaucoup plus important.

En vertu d'une ordonnance de Louis XIII, les terre, seigneurie et château de Crozant, dépendant de son comté de
la Marche, furent aliénés pour subvenir aux besoins pres-
sants de la guerre.

Pour opérer cette vente, le trésorier des finances, Le Voyer
d'Argenson, intendant de la Généralité de Moulins, se trans-
porta à Crozant, à l'effet d'estimer les objets de cette terre
seigneuriale importante.

Son procès-verbal d'estimation porte que la vieille forteresse était déjà en ruines (1640). C'est donc par erreur que
quelques historiens ont prétendu que le grand ministre du
roi, Richelieu, avait fait démanteler cette place.

Le ministre ne devait s'en prendre qu'aux châteaux ou aux
forteresses capables de lui inspirer de l'ombrage ; or, le château de Crozant appartenait au domaine de la couronne, il
ne pouvait pas tomber sous les coups de sa redoutable poli-
tique.

La vente du château et de la terre de Crozant fut faite le
16 mai 1640, sous faculté de rachat, au profit de messire
Henri Foucault, chevalier, seigneur de Saint-Germain,
moyennant 20.000 livres.

Mais, en 1646, une seconde adjudication, pour cause de
surenchère, fut prononcée au prix de 40.000 livres, en
faveur de Henri Foucault.

A cette époque, la vieille forteresse n'avait donc plus le
virginal éclat de ses anciens jours, tel le robuste chêne que

la foudre a frappé n'offre plus aux regards attristés que de lamentables débris (1).

Peut-être la grande Mademoiselle, Louise de Montpensier, pendant son court séjour au château de Saint-Germain, est-elle venu visiter la vieille forteresse et, loin des bruits du monde, méditer sans doute du haut du donjon sur la vanité et le néant des grandeurs humaines ?

Henri Foucault mourut le 12 septembre 1678, laissant son héritage à ses deux fils, Louis Foucault, son successeur, marquis de Saint-Germain-Beaupré et de Lafat, comte de Dun et autres lieux, que Louis XIV avait en haute estime, et Gabriel-François Foucault, comte de Crozant, qui préféra habiter le petit castel des Places qu'il fit restaurer avec soin et où il mourut en 1689. La seigneurie de Crozant revint alors à Louis Foucault, son frère aîné, qui mourut le 23 janvier 1719.

Son fils Armand-Louis-François Foucault lui succéda dans tous ses titres et qualités, son acte de décès daté du 15 mars 1732, porte qu'il était marquis de Saint-Germain-Beaupré, comte de Dun, de Crozant et des Places, seigneur de la Guerche, du Terrail et autres lieux, chevalier de l'ordre royal et militaire de Saint-Louis, brigadier des armées du roi, gouverneur de la Haute et Basse-Marche.

Son héritage passa entre les mains de Anne-Françoise Foucault, la seule fille qui lui restait de quatre enfants qu'il avait eu de sa noble épouse Anne-Bonne Doublet de Persan.

Le 16 juin 1768, le haut et puissant seigneur Louis-Henri, marquis de Pons ; René de Courboy de Blinac, prieur du couvent de La Rivière ; haute et puissante dame, marquise de Jouhé, leur sœur, seuls héritiers des biens paternels de Anne-Françoise Foucault, leur cousine, morte le 1er septem-

(1) Louis RAYNAL, *Histoire du Berry* (1845).

bre 1766, vendirent tout leur héritage au marquis Nicolas
Doublet de Persan, leur parent, qui conserva cette immense
fortune jusqu'en 1786.

La famille des Foucault, qui venait de s'éteindre à Saint-
Germain-Beaupré, était l'une des plus illustres de la Marche.
Elle remontait à Hugues III de Lusignan (1).

(1) Le P. ANSELME, *Histoire de la Maison royale de France.*

Armes des Foucault de Saint-Germain :
d'azur semé de fleurs de lis d'or.

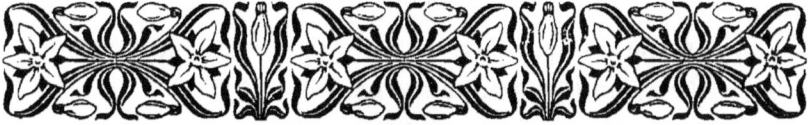

CHAPITRE VI

Les Doublet de Persan

Cette illustre famille, originaire de Normandie, remontait par ses ancêtres à Olivier Doublet de Persan (1284). Louis Doublet de Persan fut ambassadeur en 1470. Cette famille obtint des lettres d'érection de marquisat de la terre de Beaudeville en 1632.

Mis en possession de la terre seigneuriale de Crozant, Nicolas Doublet de Persan, marquis de Saint-Germain-Beaupré en 1768, ne la garda pas longtemps.

Car saisie fut faite de ses biens pour une dette de 3.000 livres, au profit de François Pidansat de Mairobert, écuyer, conseiller-secrétaire du Roi, comprenant :

> « Le comté de Crozant, consistant en un ancien château
> » en ruines, deux moulins, cens, rentes, droits et devoirs
> » dépendant de la dite comté dus par les Panistes de Crozant,
> » Saint-Plantaire, Chantenier, Bazelat, Lalat, Saint-Sébas-

» tien, Menet, Chambon-Sainte-Croix, Lourdoueix-Saint-
» Michel, Maison-Faine et autres lieux.

» La terre, seigneurie et comté des Places, consistant en
» un château, chapelle, cours, jardins et dépendances,
» dîmes, cens, rentes, droits et devoirs dus à icelle, sur
» parties des dites Panistes de Crozant, Fresselines, Maison-
» Faine, Lafat, Bazelat, Aiguzon, Saint-Plantaire, Champ-
» tôme, Saint-Sébastien, Banise, Parnac, Vouhet et autres
» lieux. »

Dépend en sus de la dite seigneurie, le droit de nommer
et présenter le chapelain de la chapelle des Places.

CHAPITRE VII

Les comtes de la Marche

Cette glorieuse et ancienne famille entra en possession de
la terre de Crozant en 1786, comme il appert par l'acte de
vente rapporté ici :

« En 1786, haut et puissant seigneur, Anne-Nicolas Dou-
» blet de Persan, chevalier, marquis de Persan, etc., et
» son épouse ont vendu, moyennant 145.960 livres, à haut
» et puissant seigneur Silvain de la Marche, comte de la
» Marche, chevalier de l'Ordre de Malte, ancien officier au
» régiment de Bretagne, seigneur de Pierre-Folle, Beaure-
» gard, Saint-Plantaire et autres lieux, divers immeubles,
» tels que la terre seigneuriale et comté des Places, le fief
» de Beaumac et autres, et notamment le domaine engagé
» de la terre, comté et châtellenie de Crozant, ses apparte-
» nances et dépendances, tels que le dit seigneur marquis
» de Persan les avait acquis des représentants de messire
» Foucault de Saint-Germain-Beaupré. »

Silvain de la Marche fut amené à faire cette acquisition principalement parce que ses ancêtres avaient possédé le comté de Crozant, comme comtes héréditaires de la Marche de 966 à 1177.

Silvain de la Marche, dernier comte de Crozant et des Places, épousa Marie Antoinette de Saint-Julien, le 13 juin 1778.

Ancien officier au régiment de Bretagne, chevalier honoraire de l'Ordre de Malte, il figure aux États de la Marche rassemblés en 1788, comme représentant la noblesse de la circonscription de Dun, et il fut l'un des trois commissaires du roi délégués au département de la Creuse, pour la formation de ce département.

Il émigra en Russie en 1795. Il eut avec Catherine de Russie plusieurs entretiens sur l'agriculture en France. Sa Majesté lui offrit une vaste propriété et des places gratuites dans ses écoles militaires, pour ses enfants restés en France auprès de leurs parents. Mais il déclina cet offre gracieuse, et, en 1804, poussé par l'affection qu'il avait pour ses enfants et l'amour de la patrie, il revint en France, où il toucha une pension du Czar jusqu'à sa mort (1828). Sa vie avait été celle du vaillant gentilhomme, fidèle à la France et à son roi; sa mort fut celle du juste, laissant à sa famille un nom honoré et estimé.

Silvain de la Marche eut pour fils : Jean-Baptiste-Antoine, qui épousa Antoinette de Loubens, dont un fils, le comte Attale de la Marche, possesseur actuel du château de Crozant.

De tous les biens vendus à Crozant par le Directoire, il ne reste au comte de la Marche que le domaine des Places et la vieille forteresse, dont le comte Attale de la Marche, son petit-fils, fut mis en possession par un jugement authentique du tribunal civil de Guéret en 1858, à la suite d'un procès avec les habitants du bourg, qui s'en étaient emparés.

Le comte Attale de la Marche s'estime heureux de posséder ces ruines, à cause des souvenirs historiques qui s'y rattachent et comme un héritage précieux de ses ancêtres.

Ainsi la terre seigneuriale de Crozant, domaine royal du XVIe au XVIIIe siècle, gouvernée par les comtes de la Marche, passa tour à tour à la maison des Foucault de Saint-Germain (1640) à la famille illustre des de Persan (1768), et enfin au comte Silvain de la Marche, le dernier seigneur de Crozant et des Places (1786).

Commencées dès les XVe et XVIe siècles, les ruines du vieux manoir ne firent que s'accroître, minées chaque jour par la dent corrosive du temps, elles devaient recevoir leur coup suprême en 1793.

On sait avec quelle fureur, la torche de l'incendie d'une main, dans l'autre le marteau démolisseur, les paysans se ruaient à cette époque sur les anciens châteaux pour assouvir leur haine contre tout ce qui rappelait la féodalité. Le donjon et la grosse tour eurent surtout beaucoup à souffrir des vandales de la Révolution. On voit çà et là bon nombre d'habitations incrustées de pierres sculptées ou armoriées, arrachées à la vieille forteresse.

Cependant le touriste aime à visiter cette merveille de la puissance d'un autre âge et à rêver d'avenir en songeant aux gloires de la vieille France.

PLAN SCHÉMATIQUE DU CHATEAU DE CROZANT (CREUSE)

RESTITUÉ PAR M. ALBERT MAZET, ARCHITECTE

D'APRÈS LES DOCUMENTS RELATIFS AU CHATEAU ET LE PLAN DRESSÉ PAR M. DE BEAUFORT EN 1860-61

Extrait de A. MAZET, *Crozant*.

VUE DU CHATEAU DE CROZANT AU XVIII Siècle

| Roche des fileuses | Tour Colin | Tour du Renard | Chapelle | Grosse tour et tour du côté de la Sédelle défendant l'accès de la 3e cour. | Donjon | Tours, côté de la Creuse et côté de la Sédelle, défendant l'accès de la 2e cour. | Porte, pont-levis et tour défendant l'entrée du château | Pont construit sur un fossé de 4m de large sur 8m de profondeur |

VUE PRISE DU CÔTÉ DE LA SÉDELLE

d'après une photographie d'un tableau de Parmentier daté de 1801.

CHAPITRE VIII

Les ruines du Château de Crozant

Pour visiter avec intérêt les ruines du vieux château-fort, il est indispensable de connaître les diverses parties qui faisaient de cette forteresse une place d'armes imprenable avant l'invention du canon.

C'est dans ce but, que nous avons essayé, en suivant le plan remarquable que nous devons à l'extrême obligeance de M. Albert Mazet, d'en faire une description sommaire.

Le château occupe le sommet d'une colline placée entre la Creuse et la Sédelle, dont les eaux se confondent à ses pieds. Il est orienté du sud au nord, et mesure, en ligne droite, environ quatre cent cinquante mètres de longueur. Sa plus grande largeur est de quatre-vingt-deux mètres. Le développement des remparts dépasse un kilomètre.

Jouilleton estime à dix mille hommes la garnison qui pouvait s'établir dans l'enceinte.

4

Le château proprement dit renferme trois cours, auxquelles il faut ajouter un vaste espace entouré de murailles situé à l'extrémité du promontoire.

La muraille était protégée par dix tours de différentes formes et de diverses époques, dont six du côté de la Creuse, et quatre du côté de la Sédelle. Du côté opposé à l'entrée, l'enceinte qui suivait les contours de la montagne, formait une pointe à l'extrémité de laquelle se trouvait la tour Colin.

Si l'on compare l'aspect actuel des ruines, d'après notre gravure du frontispice avec celui qu'elle présentait au xviii° siècle, on est surpris de voir combien le temps a fait son œuvre. Telle tour, tel pan de mur qui était debout il y a cent ans a presque complètement disparu aujourd'hui.

LE PONT-LEVIS. — L'ENTRÉE DU CHATEAU

En avant de la porte du château, placée du côté du bourg de Crozant, se trouvait un pont sur lequel s'abaissait le pont-levis, dont on voit encore les vestiges. Il avait quarante mètres de longueur environ sur huit mètres de largeur.

La porte s'ouvrait dans une tour carrée, qu'une courtine rattachait à droite à une tour d'angle circulaire, et à gauche, à une tour carrée formant redan.

C'est cette dernière et un côté de la porte, que représente le vigoureux fusain que nous devons à l'obligeance de M. Guillaumin.

LE BAYLE

Après avoir franchi l'entrée du château, on se trouve dans la première cour de forme oblongue, de cinquante-quatre mètres

de long sur vingt mètres de large, au centre de laquelle était construit un bâtiment de dix-huit mètres de long, divisé en trois chambres carrées. On pense que cet emplacement for mait la basse-cour, autrement dit le Bayle, et qu'il renfermait les étables.

Cette première cour était close, du côté de la Creuse, par une muraille rectiligne et, du côté de la Sédelle, par un mur irrégulier qui suivait les sinuosités du rocher. Ce dernier mur était protégé par une petite tour de forme circulaire.

Cette première cour était séparée de la seconde par une muraille de un mètre trente centimètres d'épaisseur, reliant deux tours situées à ses extrémités, et par conséquent faisant partie du mur d'enceinte. Ces deux dernières semi-circulaires.

Il est à remarquer que la tour du côté de la Sédelle offre sa partie ronde à l'extérieur, tandis que celle du côté de la Creuse a sa partie semi-circulaire sur la première cour et sa partie carrée sur la seconde cour, afin, sans doute, d'opposer plus de résistance aux assaillants qui auraient forcé la porte.

On pénétrait de la première cour dans la seconde, plus particulièrement affectée au logis seigneurial et à ses dépendances, par une porte dont il ne reste plus aucun vestige, placée du côté de la Creuse.

LE DONJON

Le mur d'enceinte de la seconde cour, comme celui de la première, est irrégulier du côté de la Sédelle et en ligne droite du côté de la Creuse. Sur ce côté s'appuie le donjon de forme carrée, qui servait d'habitation seigneuriale.

Voici la description qui en a été faite par M. de Beaufort :

« Le donjon ou tour carrée mesure treize mètres de côtés,

Donjon

» et s'élève, dans son état de dégradation actuelle, à une
» hauteur de douze mètres.

» Elle avait trois étages, le rez-de-chaussée non compris.
» Ce dernier, haut de deux mètres, n'a que sa porte pour
» toute ouverture.

» Le premier étage, qui a le double d'élévation, est éclairé
» par deux fenêtres, et possède une superbe cheminée, il en
» est de même du second, si ce n'est qu'il n'a que trois mètres
» de haut; le troisième est moins élevé que les deux autres.

» La porte d'entrée de la tour est située dans un angle
» formé par l'escalier et le massif de la tour, carrée en
» dehors, et circulaire à l'intérieur. Cet escalier en colima-
» çon, finement taillé, donne accès dans les différents étages.

» Ah! si les morts sortaient de leurs tombeaux, que de
» secrets intéressants ils nous révèleraient! que de mystè-
» res! que d'aventures romanesques en ces temps merveil-
» leux de la chevalerie!

» Ces fêtes brillantes, ces émouvants tournois, ces festins
» homériques, ces chants de guerre, sur la harpe sonore du
» barde harmonieux! Les nobles châtelaines acclamant les
» vainqueurs et leur distribuant les palmes du triomphe!...
» Mais hélas, tout est enseveli dans la nuit des temps... »

Les ouvertures refaites, les chambranles et les hottes des
cheminées du donjon sont du xvᵉ siècle.

En deçà du donjon, près du mur d'enceinte, apparaît
béante une citerne, construite en granit et bien cimentée.

Au delà, et appuyée au mur d'enceinte, existe une excava-
tion profonde, où se trouvait un bâtiment divisé en quatre
chambres égales, qu'on pense avoir été des casernes.

LA GROSSE TOUR

Séparée de la seconde par une épaisse muraille, la troisième cour, occupait la partie la plus accidentée du pro-

montoire. Son esplanade, qui mesurait cent cinquante mètres de long sur vingt de large, servait de place d'armes.

On voit à droite, sur un monticule, les ruines amoncelées de la grosse tour (*turris magna*), construite par Isabelle d'Angoulême, femme de Hugues X de Lusignan (1217-1245).

Il n'en reste plus aujourd'hui que le cachot circulaire et un pan de muraille suspendu sur la Creuse. Des fouilles, pratiquées il y a quelques années, ont mis à découvert une fenêtre, en partie démolie, de forme allongée, qui éclairait le cachot.

La voûte hémisphérique de ce cachot est environ à quatre mètres du sol, au centre est une ouverture circulaire, en partie obstruée par une masse de terre.

TOUR D'EAU

Au delà de la grosse tour, et dans les flancs du coteau, on aperçoit une petite tour, dont les pieds baignent dans la Creuse, ayant un escalier en colimaçon, qui permettait de descendre à la rivière pour y puiser l'eau nécessaire à la garnison.

Cette tour est, en effet, appelée *la Tour d'eau*.

C'est de la hauteur de cette tourelle, qu'un jeune homme de dix-huit ans, d'une honorable famille de la Creuse, tomba dans la rivière, d'où il fut relevé meurtri et sanglant. L'infortuné garçon ne survécut que quelques heures à cette affreuse chute (1).

_____

(1) SIGAUD (J.-P.), de Vareilles.

LA CRYPTE OU CHAPELLE

Plus loin, appuyée sur l'enceinte, on rencontre une autre tour semi-circulaire dont il ne reste plus que la portion affleurant le sol du côté de la Place d'Armes, mais élevée d'un étage sur la pente du coteau.

Au-dessous, on voit une sorte de crypte ou chapelle souterraine, dans laquelle on entrait par un couloir voûté sur la cour.

La voûte en plein cintre affecte bien le caractère religieux des oratoires de ce genre.

La partie extérieure et circulaire du mur présente trois fenêtres carrées qui suffisaient à éclairer le pieux édifice.

La foi vive et ardente des chevaliers avait besoin de s'exprimer, de se réaliser par des actes extérieurs de religion. Il leur fallait des sanctuaires où ils aimaient à s'agenouiller devant le Dieu des armées et à faire la *veillée d'armes*. Leurs chefs savaient y pourvoir. De là ces oratoires sacrés dont les créneaux hardis s'élevaient vers le ciel, où dont les murs, suivant les temps, se dérobaient à l'ennemi dans les entrailles de la terre.

C'est là qu'après avoir médité et prié, les vaillants héros se levaient, brandissant leur épée, en redisant la fière devise : « Tout pour Dieu et la Patrie ».

LA TOUR DU RENARD

La troisième cour ou Place d'Armes, dont nous avons parlé, se termine par un angle au sommet duquel se trouve une tour ronde appelée *Tour du Renard,* qui présente tous les caractères du xiiie siècle.

La Tour du Renard est ronde extérieurement, mais inté-

Tour du Renard

rieurement elle est disposée en octogone, dont les côtés ont
environ deux mètres. On y pénètre par une porte de 1ᵐ85
de hauteur sur 1 mètre de largeur.

Elle est éclairée par deux fenêtres de 2 mètres de haut sur
75 centimètres de large à l'extérieur. Les angles supérieurs
de leurs embrasures sont remplis par un tore qui se prolonge
et se termine en pointe vers le milieu de l'épaisseur du mur.

A droite, une petite porte de 60 centimètres donne accès à
un escalier tournant qui conduit à l'étage supérieur, en ruine,
dont l'ornementation est la même que celle du rez-de-
chaussée.

. De chaque angle de la muraille, à 2ᵐ23 du sol, surgit
une console supportée par une tête, sur laquelle s'appuie un
arceau. Les consoles sont élégantes et variées dans les
formes de la tête qui en occupe la partie inférieure, ainsi que
dans le congé du tailloir. Les crosses de feuillage des chapiteaux, finement ciselées, donnent à l'ensemble de cet appartement un caractère à la fois sévère et gracieux.

Il y a quelques années, dans l'embrasure d'une fenêtre du
donjon, on a trouvé un pot de terre de forme ovale conte-
nant des pièces d'argent sur lesquelles on voyait l'effigie d'un
homme couronné de lauriers.

C'est que les seigneurs de Crozant, comte de la Marche,
conservèrent jusqu'au xivᵉ siècle le privilège de frapper monnaie ; ces pièces faisaient certainement partie de leur trésor (1).

A une autre époque, on découvrit dans une tour un cachet
ayant la forme d'un losange qui présentait une légende, en
caractères visibles, et une femme debout tenant d'une main un
sceptre, de l'autre un globe sur lequel était appuyé un étendard.

---

(1) M. P. de Cessac a écrit deux brochures sur les monnaies des
comtes de la Marche (1880 et 1886). Il donne la description des monnaies frappées par les comtes de la maison de Lusignan de 1200 à 1314
et y ajoute celles de Charles-le-Bel (1315-1322), avec lequel s'éteignit
ce droit de monnayage.

Tour Colin

Chacun peut donner libre cours à son imagination pour découvrir et expliquer cette énigme. D'aucuns ont pensé que c'était l'image de Jeanne d'Arc remettant au roi, par ses victoires, le sceptre et le royaume de France. D'autres, peut-être avec plus de raison, y ont vu Yolande de Bretagne, dame de Fougères, femme de Hugues XII de Lusignan, qui d'habitude est représentée debout ayant à sa droite un petit écusson à cinq burelles et à sa gauche un second écusson chargé d'une fougère à trois feuilles.

Dans ces derniers temps encore, il a été trouvé une curieuse médaille représentant un mouton et une mesure de grain. En voici la légende :

Pendant un long siège, qu'elle avait soutenu avec courage, la garnison se voyait contrainte de capituler, à défaut de vivres. On allait ouvrir les portes du château aux assaillants, lorsqu'une idée lumineuse traverse l'esprit de la châtelaine.

Elle ordonne de faire manger au dernier mouton la dernière mesure de froment et de le jeter, pendant la nuit, par dessus les murailles.

Etonnés de trouver une pareille proie, les soldats déconcertés disent à leur capitaine : « Nous ne sommes pas au terme de nos combats ; car pour repaître de cette façon les animaux, il faut qu'il y ait encore dans la place beaucoup de provisions. » Le soir même, le capitaine donnait à ses troupes le signal du départ, et le château était sauvé par l'industrie merveilleuse de la rusée châtelaine (1).

LA TOUR COLIN

En dehors de la Place d'Armes, et plus bas, règne une pente extrêmement rapide sur les flancs du coteau qu'elle

---

(1) Voir la note de M. Fauconneau-Dufresne (*Echo du Blanc,* 1871).

circonscrit. Vers le milieu existait une muraille qui formait comme une seconde enceinte de la forteresse.

Du côté de la Creuse, cette muraille prenait naissance à la Tour d'Eau, suivait les anfractuosités de la montagne, et était soutenue, à ses points saillants, par deux petites tours d'environ 6 mètres de diamètre. Elle commençait à la tour qui se trouve à l'extrémité de la troisième cour, du côté de la Sédelle.

Après s'être un peu évasée, cette muraille formait une sorte d'éperon ayant à sa pointe, à l'extrémité du promontoire, la *Tour Colin*.

La *Tour Colin* est entièrement semblable extérieurement à la Tour du Renard, mais elle en diffère essentiellement à l'intérieur.

Le rez-de-chaussée qui, seul, est encore debout, a la forme d'un quadrilatère peu régulier et présente de chaque côté une large et profonde embrasure, au fond de laquelle est un enfoncement longitudinal, à parois obliques, se terminant à une longue fenêtre ou meurtrière de 50 centimètres de haut sur 15 centimètres de large.

Les murs ont près de 2^m80 d'épaisseur.

A gauche de la porte se trouve un enfoncement ou retraite latérale, qui permettait de lancer des projectiles sur les assaillants.

Au fond, on remarque un autre enfoncement carré qui offre, du côté gauche, le commencement d'un escalier étroit et bas, assez semblable à celui de la Tour du Renard.

Au milieu de la voûte, qui est en ogive, une ouverture carrée permettait de monter à l'étage supérieur, qui n'existe plus.

Derrière la tour Colin, le promontoire s'abaisse et montre partout sur ses flancs des blocs granitiques de formes bizarres, dont plusieurs placés en étages revêtent l'apparence de monuments celtiques.

LA ROCHE DES FILEUSES

En face apparaît, surplombant la Creuse, la roche gigantesque connue sous le nom suggestif de Roche des Fileuses,
dont voici la légende :

« Lorsqu'aux jours ensoleillés du printemps, les bergeret-
» tes paissaient leurs moutons sur la montagne verdoyante,
» une sorte de joyeux tournoi s'établissait entre elles, ajou-
» tant cet innocent plaisir aux charmes de leurs jeux cham-
» pêtres.

» Au signal donné, on voyait les intrépides jeunes filles,
» la quenouille au côté, le fuseau dans la main, debout tou-
» tes ensemble, sur le faîte de la roche, qui s'élève à pic sur
» le torrent, à l'heure où le soleil descend lentement à l'hori-
» zon, et où la rivière miroitait, comme une immense lame
» d'argent diaprée d'efflorescences d'or pâle et d'azur.

» Quelle sera la main assez habile pour laisser glisser
» jusqu'en bas son fuseau et le ramener à elle, enlacé de ses
» mille fils de lin ?

» Quel pittoresque spectacle !

» Dès que les divers fuseaux entraient dans l'eau, et en
» remontaient ruisselants de gouttelettes brillantes, il se fai-
» saient comme une traînée de diamants qui attiraient les
» regards.

» Assis au haut de la vieille tour, le seigneur, entouré de
» sa noble épouse et des servants d'armes, les yeux fixés
» attentivement sur le groupe sémillant des fileuses, attendait
» avec émotion l'issue de cet intéressant tournoi.

» La bergerette qui avait été assez heureuse pour triom-
» pher de cette périlleuse épreuve était acclamée par ses
» compagnes, qui la conduisaient bruyamment à la demeure

Roches des fileuses

» seigneuriale où le vieux châtelain, après avoir effleuré son
» front virginal d'un baiser paternel, lui plaçait sur la tête
» une couronne de fleurs et lui offrait la main de l'un de ses
» plus jeunes varlets.

     » A ce moment le barde chantait sur la harpe sonore, le
» triomphe de la douce héroïne du Fuseau.

> Au loin des cris guerriers ont rompu le silence,
> Allons ! preux chevaliers, armez-vous de la lance !
> Est-ce l'ennemi qui s'avance ?
> Non ! C'est la fleur d'amour,
> Preux chevaliers, abaissez votre lance !
> Saluez ! Saluez ! la reine de ce jour !
> Chantez, chantez l'hymne d'amour !

La reine de ce jour était la jeune bergère dotée comme une
rosière de nos jours.

CHAPITRE IX

Le bourg de Crozant

Gracieusement assis sur la colline qui domine les deux
bassins de la Creuse et de la Sédelle, le bourg de Crozant
offre aux regards du spectateur les aspects les plus pittores-
ques et les plus variés. En face, les ruines du château, à l'est,
les coteaux qui forment les premières ondulations de l'immense charpente du département de la Creuse, dont la principale ramification, se dirigeant vers le sud-est, va se souder
au Mont-Dore.

Tantôt arides et dénudés, tantôt revêtus de bruyères roses
ou de genêts d'or, tantôt couverts de vigoureux châtaigniers
dont le sombre feuillage contraste avec les toits rouges des
maisons qu'ils entourent, ces coteaux ont une apparence de
désolation étrange mais qui charme.

5

Plus loin, se dessinent des contreforts puissants entre lesquels se profilent les vallées profondes de la grande et petite Creuse qui se réunissent à Fresselines, pour dérouler leurs flots plus rapides et plus forts au pied de la vieille forteresse.

A l'ouest, le hameau de Chamgothin, juché sur le coteau au pied duquel la Sédelle coule avec fracas, sur un terrain rocailleux ou sur de larges rochers, s'élargissant ou se resserrant entre de vieux arbres, aux troncs tourmentés, aux racines puissantes et profondes.

Nulle vallée plus agréable et plus sauvage que celle qui s'étend du village de Jaunon au Pontcharraud, et du Pontcharraud au confluent de la Creuse et de la Sédelle.

Non moins ancienne que le château, la commune de Crozant devait en partager la bonne comme la mauvaise fortune, se ressentir de sa détresse ainsi que de sa grandeur.

Tombée depuis plus de deux siècles à l'état de simple bourgade, Crozant avait eu, au temps heureux de la puissance des seigneurs, l'importance d'une ville de dix mille âmes, suivant Jouilletton.

Cette ville avait son tribunal, ses juges ayant droit de haute, moyenne et basse justice, un notaire royal, un monastère de l'ordre de saint Benoit, son clergé séculier et régulier, des marchés importants, des assises périodiques où les officiers de la sénéchaussée de Guéret venaient rendre leurs arrêts.

Jusqu'en 1793, trois prêtres furent constamment attachés au service religieux de la paroisse et de la chapelle des Places où résidait le chapelain qui était nommé spécialement par les seigneurs de Saint-Germain. Deux écoles très florissantes, dès le xv⁰ siècle (1462), l'une où l'enfant du peuple recevait gratuitement un enseignement proportionné à ses aptitudes et à ses besoins sociaux, l'autre où les jeunes gens qui se destinaient à la carrière ecclésiastique apprenaient les lettres grecques et latines et recevaient une éducation conforme à leur vocation.

Jacques d'Armagnac, ami des lettres et des arts qu'il encou-
rageait de ses largesses, rencontra à Crozant un prêtre savant,
Michel Gounot, du village des Brousses, qu'il combla de ses
faveurs. La Bibliothèque nationale possède encore quatre
manuscrits copiés par ce prêtre savant : 1° un Tristan, de
l'an 1463 ; 2° un Marques, de 1466 ; 3° un Lancelot, de la
même année ; 4° la Lamentation de saint Bernard (1474) (1).

L'officier de la sénéchaussée de Dun-le-Pallestel écrivait en
1620 :

« Onzième jour de novembre, j'ai donné copie des enterre-
» ments à Messieurs de la Justice de Guéret, tenant leurs
» assises à Crozant, les jour et an que dessus. »

En 1673 Messire Denis le Franger, curé d'Eguzon, fait une
requête au haut et puissant seigneur de Crozant, par laquelle
il demande l'autorisation de faire saisir Gabriel Galand, seigneur des Jarriges, pour avoir à payer une rente en sa
faveur.

Dans un acte authentique de donation faite par Jacques de
Bourbon, comte de la Marche, le 31 mars 1416, à son écuyer
Troussebois, nous lisons :

« Nous, Jacques Bourbon, octroyons un hostel, avecques
» toutes ses appartenances et jardins, places et masures, sis
» en notre ville de Crozant, tenant d'une part à la grant rue
» qui va de l'ostel de Jean Sayer, boucher dudit lieu, à
» l'église » (2).

Comme les villes importantes et certaines abbayes, Crozant avait une mesure, exclusivement en usage dans toute
l'étendue de son territoire, et qui se voit encore aujourd'hui
près de la porte principale de l'église, sur la place dite Chau-
pline.

(1) A. MAZET, Crozant.
(2) A. MAZET, Crozant.

Crozant possédait encore, aux XVIIe et XVIIIe siècles, une opulente bourgeoisie ; de hauts fonctionnaires : des procureurs de la justice, des notaires royaux, des chirurgiens, des huissiers, des avocats, des intendants, des conseillers du Roi, des écuyers et lieutenants de gabelle ; tels étaient les Mongie, les Boyron, les Perpérot, les Dupertuy, les Dargier, les Couraud-Despagnes, les Periot, les Barré, les Guillerot, les Lemaigre, etc. (1).

La gloire de ces nobles familles est d'avoir servi le roi avec fidélité et donné à l'Eglise des prêtres distingués.

L'office de notaire royal exercé dès le XVIIe siècle par les Perpérot, ne cessa de leur appartenir jusqu'en 1824. A cette époque l'étude de notaire de Crozant fut annexée à celle de Dun-le-Palleteau.

Depuis quelques années, la commune de Crozant semble vouloir reprendre l'éclat des anciens jours. Les artistes y affluent chaque année de toutes parts, les constructions se dressent brillantes et belles dans la modeste bourgade, tout semble annoncer une ère nouvelle de prospérité (1).

---

(1) Plusieurs monnaies appartenant à différents règnes ont été trouvées dans les substructions des habitations du bourg. Citons entre autres : un grand bronze de Posthume, un écu d'or de Charles VI, des monnaies d'argent de Louis XIV, etc.

(2) Crozant appartient au canton de Dun-le-Palleteau et à l'arrondissement de Guéret ; il possède actuellement 1568 habitants.

L'église de Crozant

CHAPITRE X

L'église de Crozant

Au milieu des ruines amoncelées autour de nous, le temple élevé à la gloire du Dieu trois fois saint est encore debout, comme pour rappeler aux générations humaines qu'elles ne peuvent respirer et vivre qu'à son ombre, et que « le moindre asile de paix et de piété domine toujours les » ruines de l'homme et les déchirements de la nature. »

Bâti sur l'esplanade rectangulaire qui se termine par une pente rapide, en face du château, ce modeste sanctuaire porte visiblement le caractère des deux époques qui l'ont vu s'élever et s'agrandir successivement (XIIIe, XVIe siècles).

La porte d'entrée principale du XIIIe siècle fait un contraste frappant avec le reste de l'édifice.

Primitivement, l'église romane avait la forme d'une croix latine, avec clocher près du transept sud ; toutes ses voûtes étaient en berceau.

A la suite de la prise de la forteresse par les Huguenots (1578), commandés par le célèbre Gaspard Foucault, l'église fut incendiée et en partie détruite. Ceux qui la relevèrent lui donnèrent 3ᵐ,30 de plus de largeur et 1ᵐ,50 de plus de hauteur, mais ils ne reconstruisirent pas le transept nord.

On peut se rendre compte des proportions de l'ancienne église par le groupe de colonnes qui est engagée dans le mur à gauche du portail. Ces colonnes qui ont 6ᵐ,50 de haut sont à 1ᵐ,50 au-dessous de la naissance de la voûte actuelle et comme elles se trouvent dans l'axe de l'arcature du chœur qui a 5 mètres de largeur, on doit en conclure que l'ancienne nef avait la même largeur.

A gauche du chœur se trouve l'ancienne chapelle Saint-Antoine, transformée en sacristie depuis 1734. On remarque à la clef de voûte un écusson à la croix potencée. La porte extérieure de cette chapelle encadrée d'une accolade est surmontée d'un écu à la croix de Malte.

C'est dans le transept sud que se trouve aujourd'hui la chapelle de la Vierge, éclairée par une fenêtre géminée très finement sculptée.

Les voûtes furent toutes refaites au xvie siècle : celle de la nef en berceau et en bois, celles du chœur, du transept sud et de la chapelle Saint-Antoine en ogives. Les fenêtres furent aussi refaites à la même époque.

Frappée par la foudre en 1808, la tour ne fut restaurée qu'en 1832 et elle demeure réduite aux proportions d'un simple beffroi. Trois cloches s'y balançaient jadis ; une seule, refondue en 1873, semble maintenant pleurer l'absence de ses deux sœurs, enlevées du clocher aux mauvais jours de la Révolution (1793) et qui avec elle auraient porté plus haut et plus loin le nom de Dieu dans leurs harmonieux accords.

Comme un grand nombre d'anciennes églises, celle de Crozant avait été placée sous le vocable de saint Étienne, premier martyr. Mais dès le xiie siècle la paroisse adopta comme patron secondaire, saint Placide, à l'instigation des

Église de Crozant

moines de Saint-Benoit, qui possédaient un monastère près de l'église, sur le penchant de la colline qui surplombe la Sédelle et dont on voit encore quelques vestiges.

La fête du glorieux patron fut fixée au premier dimanche d'octobre, et elle n'a pas cessé d'être célébrée avec un grand concours de fidèles.

Entièrement restauré en 1891, ce sanctuaire a revêtu un caractère de jeunesse et de grâce qui charme les regards et qui inspire le recueillement et la piété.

En fouillant les archives de la commune, il nous a été donné de dresser la statistique du clergé de 1625 jusqu'à nos jours ; nous avons trouvé une lacune de 1793 jusqu'à 1801, époque de la restauration du culte en France par le grand Napoléon.

Durant ces jours néfastes de notre histoire, les portes des temples furent fermées ; il ne se trouva pas un seul prêtre de la région qui voulût prêter serment à la Constitution civile du clergé.

Nous avons entre les mains un acte authentique, émanant de l'archevêché de Bourges, qui nous révèle admirablement l'état social et religieux de la commune de Crozant au xviiie siècle.

Nous ne croyons pas pouvoir mieux faire que d'en reproduire ici un fidèle extrait :

Extrait du procès-verbal de la visite faite par Monseigneur l'archevêque de Bourges, Frédéric Le Noye de Larochefoucault, en l'église paroissiale de Saint-Etienne de Crozant, le mercredi 9 juin 1734.

« Sur quoi ouy et le requérant notre Promoteur, nous or-
» donnons : 1° que l'autel de la chapelle de St-Antoine soit
» démoly en présence du sieur curé ; la porte qui a son
» issue hors sera murée, la croisée qui était cy devant murée
» sera ouverte, et pardevant sera faite une porte en bois,

» afin qu'à l'avenir la dite chapelle puisse servir de sacristie.

» 2° Qu'au lieu du tableau qui est en haut de l'autel de
» la Vierge, il soit mis un cadre plein de menuiserie.

» 3° Que la statue de St-Antoine qui est sur son autel soit
» remplacée par une autre plus convenable, et désormais
» l'interdisons et défendons d'y célébrer.

» 4° Qu'il soit fait un second confessionnal qui sera placé
» dans le lieu le plus commode de la nef.

» 5° Qu'il soit fait de nouveaux fonts baptismaux, par
» dessus lesquels il sera placé un tableau représentant le
» baptême de St Jean pour désigner la sainteté de ce lieu.

» 6° Que le sieur des Pagnes et tous autres prétendants au
» droit de la dite chapelle de St-Antoine soit déchu de tout
» droit auquel il aurait pu prétendre, ayant à justifier des
» titres de concession dans le délai de trois mois.

» Après avoir donné le sacrement de confirmation aux
» personnes disposées à le recevoir, et avoir pris connais-
» sance du spirituel de la dite paroisse, nous avons donné
» aux sieurs curé et vicaire les avis que nous avons jugé né-
» cessaires pour leur conduite, et enjoint au sieur curé d'en-
» gager les femmes de choisir trois ou quatre d'entre elles
» de prudence et probité reconnue pour faire les fonctions
» de matrónes, auxquelles il montrera la manière d'admi-
» nistrer le sacrement de baptême en cas de danger.

» Ayant été informé que les jours de fête de Notre-Dame
» les sieurs curé et vicaire disaient leurs messes à la chapelle
» des Places, nous leur avons défendu de le faire à l'avenir
» et leur avons enjoint d'en dire une à l'église paroissiale.

« *Signé :* Frédéric LE NOYE DE LAROCHEFOUCAULT ; DELALIGE-
» RIE, curé de Crozant. »

L'église de Crozant avait été désignée par testament de
Hugues III, comte de la Marche, pour recevoir un legs pieux
destiné à payer les honoraires d'un service religieux annuel.

Ces actes de piété n'étaient pas la manifestation isolée

d'un esprit élevé et d'un grand cœur, ils se produisaient fréquemment dans le peuple.

Dans cette classe comme dans les rangs supérieurs de la noblesse, le suprême désir d'un mourant était de reposer à l'ombre du sanctuaire, tout auprès de l'autel de celui qui a dit : « Je suis la résurrection et la vie ».

Les registres de l'état-civil nous ont donné les noms de trois prêtres, curés de la paroisse, inhumés dans le chœur, et d'environ vingt-cinq à trente laïques, hommes, femmes ou enfants.

On sait que ce privilège, envié de tous, n'était accordé qu'aux bienfaiteurs insignes de l'Eglise.

Ainsi, tout nous rappelle ces temps héroïques où nos aïeux savaient garder au cœur l'amour de Dieu et de la Patrie.

Et en dépit des progrès de la science et des découvertes merveilleuses de ce dernier siècle, il nous sera toujours permis de regretter nos monuments perdus et nos mœurs abandonnées.

Ce sont les sentiments et les pensées exprimées dans les beaux vers de M. de Pacauny qui suivent :

O vieux manoir !
Groupe immense que la nature
Avait taillée en piédestal
Pour qu'une grande architecture
Eût un socle monumental !
Où sont tes antiques bannières,
Tes châtelaines, tes guerriers ?
Où chercher même les chaumières
Que protégeaient tes chevaliers ?
Nous ne parlons plus ton langage,
Tu n'entends plus notre jargon,
Dors affaissé sous ton grand âge !
Dors accroupi sur ton blason !

Sous l'empire des mêmes sentiments, nous dirons encore :

Guerrier des jours passés, redis-moi ton histoire,
Vieux castel, d'où viens-tu, tout meurtri par le temps ?
Quand la nuit sur ton front met son écharpe noire,
L'écho mystérieux te parle-t-il de gloire ?
De riants souvenirs charment-ils tes vieux ans ?

Pour dérober ton front que marquait la blessure
Qui te donna sept tours, comme à un haut bouclier ?
Quelle puissante main, ciselant ton armure,
De créneaux meurtriers émailla ta ceinture,
Et pour l'éternité te créa chevalier ?

J'aime tes tours debout comme des pyramides,
Que la foudre en courroux décapita cent fois ;
Et tes fossés sans eau, larges crevasses vides,
Où rouleront un jour les débris que je vois...

Le lierre tortueux montant jusqu'a ton faîte,
Sur tes murs écroulés semble étendre un manteau.
J'aime à te voir ainsi, géant, dresser ta tête,
Et disputer toujours ta vie à la tempête
Comme un soldat mourant qui défend son drapeau.

Voilà pourtant comme la gloire
Fuit et passe en quelques moments.
O Dieu ! voilà comme l'histoire
Se bâtit sur des ossements.

La France est assez forte pour élever sur les ruines de la défaite le temple de la Victoire.

CHAPITRE XI

Le Pont Charraud

Tout le monde connaît la légende de ce pont, surnommé le Pont du Diable.

C'était en 1603, les seigneurs de Crozant et des Places, voulant entretenir des relations amicales et suivies, résolurent de faire jeter un pont sur la Sédelle.

On choisit l'endroit le plus favorable à ce projet, et l'entreprise fut donnée à un ouvrier d'un hameau voisin. Le marché conclu, le bonhomme ne tarda pas à se repentir de son engagement.

A l'inspection plus attentive des lieux et des accidents de terrain, il s'aperçoit qu'il y a pour lui des difficultés inattendues, et que pour exécuter ce travail il lui faudrait le double du prix convenu.

Trois jours durant, il vient promener ses ennuis sur les bords de la rivière, en proie à la plus vive anxiété. Assis sur la rive déserte, au milieu des joncs, il ne goûte guère la poésie du ravissant tableau étalé devant lui : triste et morne, il regarde pendant des heures entières les roches énormes qui surplombent le torrent, cherchant, mais en vain, le moyen de le franchir sans trop compromettre sa modeste fortune.

Le dernier jour, comme il approchait de ces Thermopyles d'un nouveau genre, l'esprit assiégé de mille pensées confuses, il aperçoit un étranger, debout, au milieu de flammes qui semblent sortir de terre.

L'honnête homme s'arrête, interdit, tremblant, un frisson glacial lui parcourt tous les membres :

« Tu parais triste, lui dit la voix troublante de l'inconnu, » je sais la cause de ton ennui, en lui montrant la rivière. » Tu voudrais bâtir ici un pont sur ce torrent, et tu com- » prends la difficulté de ton entreprise.

» Cette construction, aux conditions que tu as acceptées, » c'est la ruine pour ta maison...

» Ecoute moi, je peux bâtir le pont en un seul jour, ou » une seule nuit : veux-tu accepter mes conditions ? »

Stupéfait, ahuri devant une pareille proposition, le brave villageois répond avec une sorte d'inconscience, provoquée par un étonnement qui n'était surpassé que par la crainte : « Parlez, seigneur, je vous écoute. » « Eh bien, reprend » l'étranger, tu me donneras le premier fagot que tu lieras » demain. » « Je vous le promets, répondit-il en trem- » blant. »

Il avait à peine achevé sa réponse, que le mystérieux personnage disparaît au milieu d'un tourbillon de fumée épaisse et pénétrante. Un peu revenu de sa frayeur, le bonhomme regagne à pas pressés son humble chaumière, comme soulagé d'un poids énorme.

Le pont Charraud

Il se hâte de raconter à sa femme cette singulière aventure et la promesse qu'il avait faite.

Intelligente et rusée, la jeune paysanne s'écrie, levant les bras vers le ciel :

« Qu'est-ce donc que tu m'as dit ? Malheureux ! Mais c'est
» le diable que tu as vu et qui t'a parlé ; il n'y a que l'esprit
» malin, pour faire de semblables propositions et arracher
» à un sot une telle promesse. Mais tu n'as donc pas com-
» pris que le fagot fatal que tu dois livrer, c'est toi. Oui, c'est
» toi !... N'es-tu pas le premier fagot que tu lies le matin,
» attachant tes vêtements à ta ceinture ? »

Ces paroles si sensées de sa femme sont pour lui toute une révélation : il a compris le piège de l'ennemi du genre humain, un éclair de raison lui a traversé l'esprit, il sait le moyen de déjouer la ruse de son adversaire.

Le lendemain, à l'aube, le voyageur qui se serait égaré dans ces parages, aurait aperçu, non sans surprise, un homme dans un costume un peu primitif, la cognée à la main, coupant d'énormes branches d'arbres.

Il fait un fagot, le plus fourni et le plus beau des fagots, et le chargeant sur ses épaules, prend le chemin de la rivière.

O surprise ! O merveille ! un pont superbe baigne coquettement ses pieds dans le torrent rapide.

A l'extrémité, apparaît soudain l'étranger de la veille, qui semble attendre sa proie avec une vive impatience.

Lentement, le brave paysan s'approche :

« Tu m'as demandé le premier fagot que je lierais ce
» matin, le voilà, dit-il, en jetant le bois sur le pont ».

« Misérable, s'écrie le diable en fureur, tu m'as trompé ! » et dans sa rage de damné, il emporte et jette au loin la clef de voûte du pont merveilleux, qui ne fut remplacée que longtemps après (1695).

Ce pont est le seul bâti en pierre sur la Sédelle.

6

On sait que cette rivière prend sa source dans les coteaux de Saint-Priest-la-Feuille, non loin d'un curieux dolmen, dont la table, de forme hémisphérique, repose sur quatre énormes blocs ; elle baigne la Souterraine, traverse Saint-Aignant-de-Versillat, reçoit les eaux de l'étang de Noth, de la Brezantine, passe auprès de La Chapelle-Balouë, pour s'engouffrer sous le pont Charraud et se jeter dans la Creuse, en roulant ses flots avec fracas sur un lit de rochers.

CHAPITRE XII

Le Château des Places

Le voyageur qui suit la route d'Eguzon ou de Saint-Sébastien à Dun-le-Palleteau, aperçoit à sa droite, à la jonction des deux chemins qui ourlent de leurs rubans gris le tapis vert de la colline, les restes d'un vieux castel entouré de grands arbres.

Tout auprès, un modeste sanctuaire, connu dans la contrée sous le nom de Chapelle des Places.

Quelle serait donc l'origine du nom « plein d'attraits » des Places ? Serait-ce en raison de sa situation dans un site pittoresque et gracieux qu'il serait ainsi nommé ?

A l'horizon, ce sont les coteaux de la Creuse et du Berry, qui se dressent d'abord brusquement, pour s'arrondir ensuite, s'abaisser, se relever et s'aplatir enfin, avec leurs belles

couronnes d'arbustes, de châtaigniers ; leurs prairies de
velours vert, leurs ravins et leurs hameaux blottis dans le
feuillage ; leurs roches à pic, leurs vastes landes et leur
aridité triste, qui contraste si bizarrement avec la fertilité
des plateaux.

Là, dans l'espace immense qui s'étend de Crozant aux
confins du territoire de Saint-Sébastien et de la Chapelle-
Balouë, un corps d'armée pouvait se créer une position stra-
tégique importante.

Elle fut occupée sans doute par les légions romaines, et au
moyen âge, par les troupes des seigneurs de Crozant; de là
peut-être son nom de terre des Places. Quoiqu'il en soit, ce
vaste domaine devint le fief du haut et puissant seigneur Jean
de Goudeville dit Peynot, par suite d'un partage égal, fait par
damoiselle Marie de Saint-Sébastien, le 17 janvier 1493, à
ses deux fils, Jean et François. Au siècle suivant, par un acte
authentique du 22 mars 1544, la noble damoiselle Gabrielle
de la Barde, confesse « foi et hommage au très hault et
« illustre prince, monseigneur le duc d'Orléans, comte de la
» Marche, à cause de son chastel et châtellenie de Crozant
» et du chastel et seigneurie des Places, auquel il y a pont-
» levis, fossés et au dedans deux basses-cours, avec les
» appartenances et préclostures du dit chastel, plus un jar-
» din, un bois de haulte fustée et bois taillis y joignant » (1).

Ce manoir dont nous donnons ici un dessin, que M. Albert
Mazet, a bien voulu nous prêter, présentait à cette époque
(xvie siècle), un fort bel aspect.

On le voit se dresser fièrement au milieu de gros marronniers, flanqué de deux sveltes tourelles en poivrières.

Autour de la porte, autour des fenêtres, s'enroulaient de
vigoureux arbustes, accrochant leurs rameaux flexibles aux

(1) M. A. Mazet, dans son étude sur *Crozant*, a publié *in extenso*
ces deux actes.

parois de la muraille, montant jusqu'au toit et retombant en gracieux festons.

Sur la façade, de larges fenêtres ouvraient l'entrée à la vie extérieure, en face des prairies que peuplaient les troupeaux de la ferme. Une large grille découpait ses ornements sur les riantes perspectives du parc.

Château des Places

A travers les rinceaux de fer forgé, le regard découvrait une fuyante avenue, au-dessus de laquelle les branches des grands arbres formaient un immense berceau mouvant.

Le sol disparaissait sous la mousse émaillée de fleurettes. Aucune rumeur ne sortait de ce parc centenaire, si ce n'est le chant des coqs, le beuglement des taureaux ou les mélodies plaintives des pâtres et des laboureurs.

Le vieux castel fut habité, sous Louis XIII, par les Foucault, qui le firent restaurer avec goût.

C'est là que l'un d'eux, Henri Foucault, comte de Crozant, gouverneur de la Marche, de la ville et du château d'Argenton, se retira fatigué de la vie mondaine qu'il avait menée longtemps à la cour du grand roi. Il faisait reconstruire le château, et déjà le portail de la cour était achevé quand il mourut, le 11 septembre 1678.

Son fils, Gabriel Foucault, qui s'était signalé comme capitaine des armées royales au siège de Maëstricht et pendant la conquête de la Franche-Comté, se retira à son tour dans le domaine paternel avec sa noble épouse, damoiselle Marie Desprez, fille du seigneur Desprez de Frévières, en Angoumois.

Au vieux château de Crozant, tombé presqu'entièrement en ruines, il préféra la modeste et paisible habitation des Places.

C'est là, sur cette terre prédestinée, qu'il fit élever la chapelle dédiée à Notre-Dame de Pitié, en 1686, à la suite d'un vœu fait par lui en un jour de douloureuse mémoire.

Nous nous faisons un devoir de reproduire la légende fort accréditée dans le pays. Plus d'un touriste en a entendu le touchant récit fait par nos bons paysans ; voici les impressions que nous avons recueillies de M. Fréchette, l'un de nos plus illustres poètes :

Je n'oublierai jamais, près du château des Places,
La jeune paysanne aux yeux bleus nous contant,
Timide, la légende antique de l'étang ;
Un seigneur, « ses valets, cruels oiseaux de proie »,
Une femme qui fuit, un enfant qui se noie,
Un crime, un châtiment, et puis que sais-je, moi !
Si non que nous prêtons l'oreille avec émoi.

CHAPITRE XIII

La Légende des Places

LA CHAPELLE SAINTE-FOY

Non loin du château des Places, au hameau de Sainte-Foy, existait une modeste chapelle dont on voit encore les restes épars, ainsi que la fontaine où les fidèles venaient pieusement s'abreuver aux jours de pèlerinage.

Au-dessus de l'autel de ce modeste oratoire, avait été placée une statue représentant l'Auguste Mère de Dieu, tenant sur ses genoux le corps inanimé de son divin Fils, et connue sous le nom de Notre-Dame de Pitié.

On ignore l'époque précise de l'érection de ce sanctuaire, quoique les ruines affectent le style du xve siècle ; ce qui est certain, c'est que, de temps immémorial, la douce image de la Vierge était en grande vénération dans toute la contrée.

Chaque année, de tous les points de la Marche, du Berry et même d'Orléans, les fidèles venaient en grand nombre aux fêtes de la Purification et de l'Assomption, attirés par les grâces obtenues par l'intercession de la Bonne-Dame (1).

Mais, en 1573, les bandes victorieuses des Huguenots se répandirent comme un torrent dévastateur sur la Marche et le Limousin, pillant, incendiant les églises, égorgeant les catholiques et portant partout la terreur et l'effroi.

La modeste chapelle de Sainte-Foy ne pouvait échapper à leur fureur. Au premier signal d'alarme, avant que ces odieux iconoclastes eussent porté dans le lieu saint leurs mains sacrilèges, la statue fut enlevée et transportée dans un lieu secret du vieux château des Places.

INVENTION DE LA STATUE

Or, il arriva qu'en l'an 1664, le 17 août, elle fut providentiellement retrouvée, sans avoir subi aucune mutilation, sous les décombres du vieux manoir. Afin de perpétuer la mémoire de cet événement, on fit graver sur cuivre une image, au bas de laquelle se trouve cette pieuse légende :

> *Le Portrait de la Vierge trouvé dans*
> *le Château Des Places en la Haute*
> *Marche, le 17 Août 1664, De laquelle*
> *Le Visage sue toujours et fait de*
> *grands Miracles.*

La nouvelle de cette précieuse découverte se répandit rapidement dans tout le pays et provoqua une explosion de foi et de piété extraordinaire.

_____

(1) L'abbé Roy de Pierrefitte, *Le culte de la Sainte Vierge dans le diocèse de Limoges.* — L'abbé Ratier, *Le Château de Saint-Germain-Beaupré.*

Le Portrait de la Vierge trouué dans
le Château Des-Places en la Haute
Marche, le 17 Août 1664, De laquelle
le Visage suë toûjours & fait de
grands Miracles.

La statue miraculeuse fut replacée solennellement dans la chapelle restaurée, au milieu des acclamations et des transports de joie de tout un peuple.

Dès ce moment, l'affluence des pèlerins fut si grande à toutes les fêtes de la Bonne-Dame, qu'il fallut préposer au service religieux du sanctuaire un chapelain, assisté de deux autres prêtres.

Cependant la Providence réservait dans ses secrets desseins, à l'Auguste Mère de Dieu, un temple plus digne d'elle et plus accessible aux pèlerins. Un événement douloureux devait inspirer la pensée de cette belle œuvre que la grâce divine accomplirait.

Voici cette histoire.

LÉGENDE DE LA CHAPELLE

C'était au jour de fête de la Nativité de Marie, une jeune fille d'un des hameaux de la paroisse était venue en pèlerinage à la chapelle, dans le dessein d'accomplir un vœu pour la guérison de sa pauvre mère, que la mort prématurée de son époux avait plongée dans une inconsolable douleur.

Après avoir assisté dévotement aux divins offices de la journée et achevé, au pied de l'autel de la Vierge, ses plus ardentes prières, Blanche, c'était son nom, se hâta de reprendre le chemin de la maison paternelle, laissant ses jeunes compagnes s'ébattre à loisir sur le gazon de la prairie, aux sons bruyants de la musette.

Le ciel était limpide, à peine si des nuages laiteux striaient l'azur du firmament. Une grande paix était descendue des montagnes dans la vallée.

La jeune fille marchait légère dans sa robe courte, les cheveux épars sur ses épaules. Elle allait par les chemins creux et les sentiers rapides, les yeux abaissés vers la terre et le rosaire à la main. Tout dans sa personne faisait songer involontairement à ces charmants visages des madones que nous représentent les toiles des grands maîtres italiens.

MORT TRAGIQUE DE LA JEUNE FILLE

Au retour d'une partie de chasse, le châtelain s'était arrêté avec ses compagnons sur la lisière de la forêt, à l'ombre des grands arbres, et semblait se complaire dans l'atmosphère parfumée des bois.

Avec sa belle couronne de cheveux blanchis avant l'âge et sa haute stature, il avait fort bon air, et ses manières distinguées révélaient le descendant d'une noble race. Assis sur un rocher mousseux, au milieu de ses servants d'armes, il avait commencé un de ces récits familiers où il aimait à rappeler le souvenir de ses anciens exploits, lorsque, soudain, son attention est éveillée par le bruit de pas humains et le frôlement des feuilles des arbustes du sentier.

Il lève les yeux et se dresse d'un bond, secoué d'un frisson violent provoqué par une vision troublante.

Il venait d'apercevoir la jeune fille, qui passait svelte près de là, auréolée par le soleil, les yeux bleus frangés de longs cils, le teint vif et rosé, gracieuse dans son costume de paysanne.

« Ventre-saint-gris ! s'écrie-t-il, quelle belle créature ! » et il la suit d'un regard de convoitise. Ces regards, ces paroles passionnées, comme un ordre à peine exprimé, sont comprises par son escorte : quatre de ses soldats se lèvent et s'élancent à la poursuite de la timide beauté. N'osant pas les commander et n'ayant pas le courage de les arrêter, rêveur, le châtelain suit d'un regard inquiet la jeune fille qui hâte sa course, pour échapper à des étreintes insolentes, et s'engage dans l'étroit sentier qui longe la Creuse.

La pieuse pèlerine pousse des cris d'effroi, et, comme la chaste Suzanne, lève les yeux au ciel qu'elle implore ; elle appelle sa mère, mais hélas ! l'écho de la montagne répond seul à sa voix. Haletante, éperdue, elle court, elle vole... Dans son âme affolée surgit le vertige de l'abîme. La mort se présente à elle comme le seul moyen de sauver son honneur. Elle cherche des yeux parmi les toits du village lointain celui sous lequel repose sa mère ; elle lui envoie un adieu suprême, dans un suprême sanglot. Arrivée près d'un précipice dissimulé par des troncs d'arbres, elle glisse et disparaît dans le torrent qui enveloppe sa triste victime et l'entraîne en tournoyant dans ses gouffres profonds.

Le soleil venait de se coucher derrière les montagnes, une brume légère comme un voile accourait du fond de l'horizon ; le soir baignait de pourpre le sommet des collines, et le silence n'était troublé que par le chant monotone du grillon.

Les soldats s'arrêtent, épouvantés... l'âme en proie à une violente terreur.

Ils voudraient ravir aux eaux tumultueuses la proie qui leur est échappée, mais les flots se sont fermés sur la victime comme les dalles d'un tombeau. Quelques heures après, l'onde courroucée rejetait le cadavre sur la rive déserte et attristée.

Cependant la mère de Blanche, attendait avec une vive anxiété le retour de sa fille si tendrement chérie. Ses parents, ses amis se mettent à sa recherche ; ils fouillent les taillis, sondent les cavernes de la montagne. Mais hélas ! leurs recherches sont vaines, leurs appels désespérés ne sont pas entendus,

Ces soudards, qui au milieu des champs de bataille ont affronté mille fois la mort, ne peuvent retenir une larme d'attendrissement à la vue de l'infortunée victime. Le visage de la jeune martyre ne porte aucune trace de souffrance, ses yeux fermés à la lumière du jour, ses longs cheveux dénoués, ses mains jointes, lui donnent l'aspect calme et souriant d'une jeune fille endormie. Elle n'a pas été la proie d'une mort cruelle, les anges ont préservé son corps des secousses violentes, et elle semble écouter avec ravissement une musique céleste qu'elle seule entend.

Il leur faut rappeler toute leur énergie pour ne pas défaillir. Soudain, ils prennent sur leurs robustes épaules le lugubre fardeau qu'ils déposent bientôt aux pieds de leur maître, en lui disant : « Voulez-vous cette jeune fille ! la voilà ».

REPENTIR ET VŒU DU CHATELAIN

A la vue de ce cadavre, le comte frémit d'horreur : « Malheureux ! s'écrie-t-il, qu'avez-vous fait ? »

Un voile noir passe devant ses yeux, il saisit nerveusement le bras de la jeune fille, tandis que de grosses larmes glissent lentement de ses joues sur sa poitrine et il dit dans une angoisse inexprimable : « O Dieu, c'en est fait de mon bonheur ».

Il s'enferme dans ses appartements ; comme autrefois David, il les fait retentir de ses gémissements. Cette nuit s'écoula semblable à une nuit de mort. Les heures lentes de l'insomnie tombaient une à une sur son cœur et y sonnaient le glas de son bonheur perdu.

Nos ancêtres étaient parfois féroces, mais ils étaient braves ; ils méritaient de vivre, parce qu'ils n'avaient pas peur de mourir. Ils n'étaient pas exempts de crimes, mais ils savaient se repentir et expier généreusement leurs fautes. De nos jours on ne trouve plus ces sentiments chevaleresques qui s'exprimaient par des actions héroïques.

Gabriel Foucault appartenait à cette race privilégiée d'hommes aux sentiments élevés, au cœur généreux. Il avait pu subir les orages des passions au milieu de la vie des camps, mais il n'avait pas perdu la foi.

Les mains accrochées l'une à l'autre, et les regards levés vers le ciel, il cherche un moyen de réparer le crime commis par ses serviteurs.

Il lui semble qu'il aura racheté ce malheur devant les hommes et devant Dieu en élevant un sanctuaire à Marie, reine des martyres et des Vierges.

LA CHAPELLE DES PLACES

Inspirée par un généreux élan de foi et de repentir, cette grande pensée ne tardera pas à recevoir son entier accomplissement.

Dès l'année suivante on voyait s'élever les premières assises du temple expiatoire, qui fut entièrement bâti et consacré en 1686.

C'est dans ce lieu béni que Notre-Dame de Pitié aura désormais un trône digne d'elle ; c'est de là qu'elle répandra ses grâces sur les fidèles confiants en sa puissante médiation.

S'il faut en croire une légende qu'il ne nous plaît pas de discuter ici, mais qui est fort accréditée dans le pays, la sainte Vierge aurait elle-même choisi cette terre pour en faire la terre privilégiée de ses faveurs.

D'après les vieilles chroniques, la statue de Notre-Dame de

Pitié aurait été trouvée debout, près de la fontaine jaillissante, au milieu de la prairie, marquant ainsi par le miracle, aux yeux du châtelain, la place où il devait ériger le sanctuaire.

Quoiqu'il en soit de cette pieuse légende, la sainte Vierge a montré que ce petit coin de terre lui était agréable puisqu'elle n'a pas cessé depuis plus de deux siècles d'y faire sentir sa présence.

LES FUNÉRAILLES DE BLANCHE

Au lendemain de la funeste catastrophe, le vieux manoir, toujours si calme et pour ainsi dire désert, présentait une grande animation.

La triste nouvelle s'était répandue dans la paroisse comme une traînée de poudre, mettant toute la population en émoi.

Non seulement les habitants de la paroisse, mais encore ceux des paroisses voisines étaient venus aux funérailles de la victime, hommage touchant de regrets et de douloureuse sympathie rendus à la vierge martyre.

Dans la cour du château plusieurs groupes d'hommes, de femmes et de vieillards s'entretenaient à voix basse du lugubre événement; leurs physionomies étaient tristes, accablées, et un grand nombre de femmes pleuraient.

Jamais funérailles n'avaient été célébrées avec plus de pompe, au milieu d'un cortège plus sympathique et plus nombreux.

Par ordre du châtelain, le corps de la jeune fille reposera bientôt sous le parvis du sanctuaire.

Cependant la pauvre mère de Blanche ne pouvait survivre à un semblable malheur. Elle traîna quelques mois à peine une douloureuse existence pour succomber sous le poids de son immense et inconsolable douleur.

GÉMISSEMENTS SUR UN TOMBEAU

Qu'il nous soit permis de reproduire ici la complainte d'un poète moderne :

Sous un berceau de clématite,
Lorsque de chaque fleur, comme d'un encensoir,
S'échappent des parfums, Blanche aimait chaque soir,
Avec sa tendre mère, au banc de jonc, s'asseoir.
Pauvre petite !

Sous un berceau de clématite,
Au temps où sous nos cieux reparaît l'hirondelle,
La mère vient encore, au rendez-vous, fidèle,
Mais solitaire, hélas ! car tu n'es plus près d'elle,
Pauvre petite !

Sous le berceau de clématite,
Aujourd'hui tout est triste et désert, et l'on voit
Une femme en grand deuil, seule sous l'humble toit,
Et là-bas, dans la mort, qui repose ? C'est toi,
Pauvre petite !

MORT DU CHATELAIN

Le temps avait passé rapide et triste sur les profonds ennuis du châtelain sans en diminuer l'intensité.

Il dépérissait de jour en jour, comme un chêne robuste dont les racines ne boivent plus la sève nourricière.

La mort vint le prendre en son château de Frévières en Angoumois, environ huit mois après la naissance d'un fils, Jean-Gabriel-François, né le 21 mars 1689.

Il avait exprimé le désir de reposer dans sa chapelle des Places, sous le regard même de la douce madone, comme pour mieux s'assurer la faveur de sa protection.

Ses funérailles furent simples et empreintes de la tristesse de l'abandon ; les hommes de la ferme, quelques bons villageois des hameaux voisins composaient seuls le lugubre cortège, conduit par son épouse éplorée et un petit groupe d'amis de la famille.

Un seul prêtre y présidait la cérémonie funèbre, après laquelle son corps fut déposé dans le caveau placé sous l'autel, auprès de la jeune fille, devenue son ange tutélaire.

La Providence de Dieu avait fait son œuvre et sa miséricorde avait, suivant ses desseins, fait jaillir le bien du mal.

Désormais, le pieux sanctuaire, œuvre de foi chrétienne et de repentir, attestera aux générations futures et la justice de Dieu et son infinie bonté.

LES APPARITIONS DE BLANCHE

Il est resté dans le peuple une mystique légende que nous ne saurions passer sous silence.

D'après une croyance populaire, chaque année, en la fête de la Nativité, Blanche, l'auguste martyre, apparaissait près de la fontaine dans la lumière enveloppante et l'atmosphère parfumée du jour naissant, parée comme au jour de sa mort, les yeux abaissés vers la terre, le sourire sur les lèvres.

Ses cheveux épars, que la lumière dorait de lueurs fauves, lui faisaient un nimbe merveilleux ; par intervalles ses mains semblaient se lever sur la tête des pèlerins pour les bénir, au nom de Dieu.

Le soleil, en montant à l'horizon, faisait disparaître, avec les vapeurs du jour, ce délicieux mirage.

Le phénomène, dit-on, ne se renouvela plus après 93, lorsque durant les mauvais jours de la Révolution la chapelle fut interdite au public, et la colline attristée ne fut plus illuminée par la grâce et la beauté surnaturelle de la vierge des Places (1).

(1) L'abbé RATTIER, *Le château de Saint-Germain-Beaupré*.

CHAPITRE XIV

La Chapelle des Places

Les monuments élevés à la gloire de Marie ont servi à soutenir, à travers les siècles, la foi patriotique et religieuse, à ranimer les courages abattus.

C'est une histoire de granit dont les pages immortelles sont constamment ouvertes sous nos yeux.

Le xviie siècle fut particulièrement remarquable par le nombre prodigieux des sanctuaires élevés en l'honneur de Marie. Les peuples avaient compris que celle qui avait écrasé la tête du serpent infernal pouvait encore broyer sous ses pieds vainqueurs l'hydre de l'hérésie envahissante du siècle précédent, le protestantisme.

Ces temples furent pour toute la France, et pour nos contrées en particulier, le plus puissant rempart contre l'erreur. Le culte de la sainte Vierge, remis en honneur, sauva la foi de nos religieuses populations, au sein desquelles le protes-

'tantisme passa comme un souffle mauvais, sans jamais y régner en maître. Les vieilles chroniques locales et des traditions respectables nous apprennent que le pieux sanctuaire des Places eût un passé glorieux dans les annales du pays.

Elevée à la hâte et sans art, la chapelle n'offre extérieurement rien de remarquable qui puisse attirer l'attention. A l'intérieur, de blanches murailles qu'aucune image ne décore, une voûte en bois peinte en bleu.

Le rétable seule attire l'attention. De chaque côté, deux colonnes torses jumelles s'élèvent, sveltes et gracieuses, jusqu'à la voûte, surmontées de chapiteaux finement ciselés, au-dessus desquels sont placés deux encensoirs d'or d'où jaillissent des flammes ardentes, symboles de la prière qui monte vers Dieu. Deux anges aux ailes éployées balancent une couronne sur le blason des Foucault, comtes de Crozant : *d'azur semé de fleurs de lis d'or.*

Au-dessus de l'autel, la statue de Notre-Dame de Pitié.

Pendant deux siècles, la terre seigneuriale des Places a passé successivement dans les mains de différentes familles qui toutes ont eu le même respect du sanctuaire dont elles étaient providentiellement les maîtres et les gardiens, à savoir : les Foucault, les de Persan, le comte de la Marche (1786), Joseph Périot (1809).

Rétable de la chapelle des Places

CHAPITRE XV

Le culte de Notre-Dame des Places

Le culte de Notre-Dame des Places peut être rattaché à deux époques distinctes de notre histoire religieuse. La première période commence en 1689 et se termine en 1793; la seconde va de 1793 jusqu'à nos jours.

Durant cette première période le culte de la Vierge ne cessa d'être en grand honneur dans toute la contrée et les pays environnants. La fin tragique de la jeune fille, la pompe de ses funérailles, les prodiges de grâce que le peuple voyait se multiplier sous ses yeux avaient excité dans les âmes une vive émotion et provoqué un mouvement religieux extraordinaire. Chaque jour l'affluence des pèlerins allait croissant. C'est à peine si les prêtres attachés au service de la chapelle pouvaient suffire aux besoins religieux des fidèles.

L'histoire nous a conservé les noms de plusieurs chapelains des Places et en particulier celui de J.-B. Dupertuy.

Aux jours des fêtes principales de la Purification et de l'Assomption, le curé et le vicaire de Crozant s'unissaient au prêtre chargé de desservir la chapelle.

Deux hôtelleries avaient été construites à peu de distance des Places pour loger les pèlerins qui venaient de toutes parts, en groupe ou isolément, invoquer l'Auguste Mère de Dieu.

On peut dire qu'à cette époque si la bonté de Marie multipliait les miracles, les miracles enfantaient la foi et la piété dans le cœur des fidèles.

Les fêtes de la Purification et de l'Assomption étaient célébrées avec un grand concours de fidèles. Après les offices de la journée, chaque pèlerin allait se désaltérer à la fontaine et emportait de cette eau aux malades.

Dans la seconde moitié du xviiie siècle la piété envers Notre-Dame des Places ne fut ni moins vive ni moins ardente.

Pour répondre aux besoins du culte, les prêtres avaient cessé de célébrer l'office dans l'église paroissiale, aux jours des fêtes principales des Places, et il ne fallut rien moins que l'ordre de l'évêque de Bourges en tournée pastorale à Crozant, le 5 juin 1734, pour mettre fin à cet usage.

Ce fait suffit pour nous révéler l'état moral et religieux à cette époque et l'importance du culte rendu à Notre-Dame des Places.

Il était un autre usage qui fait ressortir la piété de ces temps. Chaque année, un grand nombre de pèlerins se réunissaient à la chapelle des Places pour y entendre la sainte messe, le dimanche qui précédait la fête de saint Jean-Baptiste, le 24 juin, et de là se rendaient en procession à La Chapelle-Baloüe, où était célébrée la fête paroissiale en l'honneur de Notre-Dame-de-Lorette, et chose admirable, dit la chronique du temps, un certain nombre de pieuses personnes suivaient la procession les pieds nus et le rosaire à la main.

Cette coutume ne survécut pas aux mauvais jours de la Révolution française.

En ces temps de lugubre mémoire où les temples étaient fermés, les prêtres proscrits ou mis à mort, la chapelle des Places ne pouvait échapper à la haine et à la fureur de l'impiété triomphante.

Menacée de profanation, la statue de la Vierge devait être sauvée par le courage d'une femme.

Déjà les émissaires de la Convention avaient pénétré dans la chapelle, les échelles étaient dressées et leurs mains sacrilèges allaient saisir la sainte image, lorsqu'une femme de service au château s'élance au-devant d'eux l'œil en feu, les lèvres frémissantes de colère, une hache à la main : « Malheureux ! s'écrie-t-elle, que voulez-vous faire ? Si vous touchez à la Bonne-Dame, je vous coupe les jarrets. » A ces mots, ces fanatiques saisis d'un indicible et mystérieux effroi, fuient comme frappés de vertige.

Le lendemain, la Vierge était portée en lieu sûr pour être soustraite à la fureur de quelques nouveaux vandales de la Révolution, jusqu'au jour où les temples seraient rendus au culte et à la liberté (1).

On sait que la Révolution avait essayé de remplacer la religion chrétienne par une religion civique. Les législateurs introduisirent en France les sanglants anniversaires du 10 août, du 21 janvier, du 31 mai 1793, et les fêtes païennes de l'agriculture, de l'enfance, de la vieillesse, des époux, de la justice, de la fraternité, où le ridicule le disputait à l'impiété.

Mais la philosophie voltairienne n'avait pu entamer les convictions du peuple demeuré chrétien au sein même de la

_____

(1) Ce fait nous a été raconté par M. Anselme Guillerot, ancien maire de Crozant. Cette femme héroïque a été au service de la famille Guillerot. Les impies profanateurs ont eu la plus triste fin : leurs familles ont disparu.

persécution, et lorsque l'épée victorieuse du grand empereur, en refoulant dans l'ombre les hommes de la Terreur, eut rendu la sécurité et la confiance au peuple français, on vit les fidèles se précipiter au pied des autels avec un plus vif élan de foi.

Le pèlerinage à La Chapelle-Balouë, le dimanche qui précédait la fête de saint Jean-Baptiste avait été rétabli, et lorsque cette fête coïncidait avec la solennité de la Fête-Dieu, le châtelain, aidé des gens de sa maison, dressait un reposoir fait de verdure et de fleurs champêtres dans la cour du château, où se faisait la procession du Saint-Sacrement, au milieu d'une foule nombreuse et pieusement recueillie.

Quel touchant spectacle de voir les pèlerins de ce jour entourant de leurs rangs pressés le Roi des Rois et lui faisant un cortège d'honneur, autour du grand parc, sous la ramure des vieux marronniers qui balançaient leurs superbes panaches de fleurs au-dessus de l'ostensoir d'or, aux chants harmonieux des hymnes sacrées de l'église, tandis que les petits oiseaux perchés sur les plus hautes branches faisaient retentir les airs de leurs chants délicieux, comme pour unir les harmonies de la terre aux harmonies des cieux.

Cette religieuse coutume ne fut pas conservée après 1830.

Un nouvel état de choses commençait. Les terres seigneuriales et les châteaux étaient passés en d'autres mains ; la bourgeoisie remplaçait la noblesse ; une société nouvelle surgissait de l'ancienne avec des mœurs et des coutumes particulières.

Le domaine des Places, propriété des Foucault, des de Persan et des comtes de la Marche depuis 1786, passa entre les mains de la famille Périot par suite de la vente qui lui en fut faite par Antoine de la Marche, en 1809.

Si le nouveau châtelain ne pouvait pas se glorifier du titre de gentilhomme, il avait du moins la noblesse du cœur et la foi ardente du chrétien.

Il s'empressa d'ouvrir au public les portes de la chapelle, et les fêtes en l'honneur de Notre-Dame des Places reprirent leur ancien éclat.

Après sa mort (2 août 1824), son fils et son successeur, François Périot, demeuré seul en possession du domaine des Places, après un partage égal entre ses trois sœurs, épousa en 1821, Jeanne Jupile-Boisverd, du Grand-Bourg.

De cette union visiblement bénie du ciel, il eut trois filles qui jusqu'à ce jour ont conservé cette terre indivise.

Héritier des vertus paternelles, le nouvel hôte des Places ne cessa, pendant tout le cours de sa paisible existence, d'accueillir les pèlerins avec une inaltérable bonté d'âme.

Il mourut plein de jours, comme parle l'Ecriture, laissant à sa famille un nom estimé et honoré (1884). Sa digne épouse ne tarda pas à le suivre dans la tombe (1886).

Le culte de Notre-Dame des Places n'eut pas trop à souffrir des terribles commotions produites par les révolutions de 1830 et de 1848.

La paix ayant été rendue à la France et la liberté à la religion, les fêtes principales de la Purification et de l'Assomption furent célébrées avec un nouvel enthousiasme religieux, et jusqu'en 1870, on estimait de douze à quinze cents le nombre des fidèles venus de toutes parts à ces solennités.

A cette heure néfaste de notre histoire, les fidèles éprouvèrent le besoin de se rapprocher de Dieu.

Les paroisses du canton s'unirent alors dans une même pensée et un même sentiment de foi pour implorer le secours de Notre-Dame des Places au milieu de nos sanglants désastres.

Voici l'admirable lettre que nous adressait à ce sujet le vénérable abbé Villetelle, chanoine de la cathédrale de Limoges, alors curé de Saint-Sébastien :

« Cher Monsieur le Curé,

» En 1871, nos cœurs de catholiques et de Français étaient
» profondément attristés. Saint-Sébastien tourna ses regards
» du côté de Notre-Dame de la Sainte-Espérance et un pèle-
» rinage fut organisé au sanctuaire de Notre-Dame des
» Places.

» La paroisse (et c'est un des doux souvenirs de ma vie
» sacerdotale) répondit avec enthousiasme à mon appel, et
» au nombre de trois à quatre cents nous nous rendions en
» récitant le chapelet à la chapelle vénérée.

» Il y eut messe de communion, grand'messe, prédication,
» vêpres. Ce fut une journée toute de piété et d'édification
» où nous eûmes le bonheur de fraterniser avec les paroisses
» de Dun, Crozant et La Chapelle-Baloue. »

Le souvenir de cette délicieuse journée est resté aussi vif
dans l'esprit des pèlerins que dans celui du vénérable chanoine.

Ce magnifique exemple ne pouvait pas tarder à produire
d'heureux effets. L'idée des pèlerinages était entrée dans nos
mœurs. On voyait chaque année s'organiser les grands pèlerinages de Lourdes, de la Salette, de Pontmain et tant d'autres ; Notre-Dame des Places ne pouvait pas être oubliée.

Aussi avait-il suffi à l'abbé Lasnier-Confolans, vicaire à
Dun-le-Palleteau, en 1878, de faire appel aux sentiments
religieux des habitants pour entraîner à sa suite une pieuse
phalange de pèlerins à ce sanctuaire.

Mais il appartenait à l'abbé Augros d'user du prestige que
lui donnaient son âge et ses vertus, pour donner à ce pèlerinage son véritable caractère et sa forme solennelle et définitive.

Héritier des sentiments et des vertus de son prédécesseur,
l'abbé Toulouse, depuis son arrivée parmi nous, n'a rien

négligé pour donner au pèlerinage un nouvel éclat, que nous avons mis notre gloire à maintenir, avec le religieux concours des prêtres du canton.

A nos yeux, il n'est pas de spectacle plus touchant que de voir les longues files de pèlerins venus de Dun-le-Palleteau, de Crozant, de La Chapelle-Balouë, de Saint-Sébastien, de Naillat, de Fresselines, couronner les hauteurs de nos collines ou se dérouler sur les routes poudreuses qui convergent de tous les points de l'horizon vers le sanctuaire vénéré.

La messe de communion est dite à huit heures. Après l'arrivée des pèlerins de Dun, la grand'messe est chantée solennellement avec le concours d'artistes et de jeunes filles dont les chants harmonieux invitent à la prière et au recueillement. Une allocution vibrante est adressée aux fidèles par un des prêtres du pèlerinage.

Le soir, les vêpres sont dites à deux heures ; elles sont suivies de la récitation du Rosaire et du chant du cantique par lequel on a salué en arrivant la Bonne-Dame, et que nous sommes heureux de reproduire ici :

CANTIQUE A NOTRE-DAME DES PLACES

A tes pieds, ô Vierge des Places,
Tu vois tes enfants à genoux ;
Sur nous, Mère, répands tes grâces,
Protège-nous, protège-nous !

Pour visiter ce sanctuaire,
Nous avons devancé le jour ;
Marie, entends notre prière,
Reçois, ici, nos chants d'amour !

Pour te célébrer la Sédelle
Accourt, dans ce vallon charmant,
Vers la Creuse, sa sœur fidèle,
Leurs voix s'unissent à Crozant.

Dans la prairie, à la Fontaine,
Où le corps puise la santé,
Fais que notre âme, ô sainte Reine,
S'abreuve d'immortalité !

Ah ! fais qu'un jour, près de ton trône,
Tous tes enfants puissent, heureux,
De toi recevoir la couronne
Et te célébrer dans les cieux (1).

Sans être aussi éclatantes que celles de Lourdes, de la Salette, de Pontmain, de Fourvières, les grâces obtenues par l'intercession de Notre-Dame des Places sont de tous les jours et de tous les instants (2).

LES MIRACLES (3).

Dans l'impossibilité où nous sommes de rappeler toutes les faveurs obtenues dans ce sanctuaire, nous pouvons du moins citer celles dont nous avons été le témoin ému, et qui sont attestées par les ex-voto placés autour de l'autel.

I

« C'était le 25 mars 1892, jour de la fête de l'Annoncia-
» tion, une mère de famille de la paroisse, accompagnée de
» sa fille âgée dix-huit ans, nous prie, les larmes aux yeux,
» d'unir nos prières aux siennes pour demander à Notre-

(1) Paroles et musique de P. Pesant, organiste de la paroisse de Dun.
(2) Depuis les désastres de 1870, l'affluence des pèlerins a été moins nombreuse aux fêtes du 15 août et du 2 février, malgré les efforts du curé de la paroisse pour en maintenir l'éclat.
(3) Nous prenons le mot miracle dans son acception la plur large, c'est-à-dire : grâces extraordinaires.

» Dame de Pitié la guérison de sa fille, atteinte de cette
» affreuse maladie qu'on nomme l'épilepsie.

» Le saint sacrifice de la messe était à peine achevé que
» la jeune fille, qui, à l'élévation, avait été secouée de vio-
» lents frissons, se penchait vers sa mère et lui disait à
» l'oreille : « Partons, je suis guérie ! » Depuis ce moment,
» cette jeune fille n'a ressenti aucune atteinte de la maladie. »

II

« En 1893, une dame de la paroisse de X... était venue en
» pèlerinage, pour solliciter la guérison de son enfant âgé
» de onze ans qui, depuis plusieurs années, souffrait horri-
» blement d'une tumeur purulente au genou et que les méde-
» cins n'avaient pas réussi à guérir.

» Quelques jours après, nous voyons cette pieuse famille
» placer elle-même, au sanctuaire, un ex-voto pour témoi-
» gner leur reconnaissance à Marie, qui avait exaucé leur
» prière, en rendant la santé à leur enfant. »

III

« A une époque qui n'est pas éloignée, un brave homme
» d'un hameau voisin des Places nous abordait, les larmes
» dans la voix, nous priant de dire une messe pour deman-
» der à la Bonne Dame la guérison de sa femme tombée
» dans un état de démence qui l'obligeait, d'après l'avis des
» médecins, à la conduire dans une maison de santé.

» Huit jours s'étaient à peine écoulés que l'intéressante
» malade et son mari venaient remercier la Sainte-Vierge de
» l'avoir rendue si promptement à la santé. »

Les prodiges de bonté de Notre-Dame des Places envers
ceux qui l'invoquent ne se sont pas moins accomplis dans
l'ordre moral que dans l'ordre physique. Il nous suffira d'en
citer un entre mille.

« En 1891, une famille honorable de la Creuse s'était ins-
» tallée à Crozant pour y passer l'été. Parmi les personnes
» de service, se trouvait une femme veuve et d'un âge
» avancé, qui honnête et soumise à ses maîtres, témoignait
» une répugnance invincible pour les pratiques religieuses.
» La maîtresse de maison s'affligeait de l'état de cette per-
» sonne et faisait des vœux ardents pour sa conversion.

» Or, voici qu'un dimanche, ayant accompagné ses maîtres
» à la grand'messe aux Places, elle se sentit bouleversée
» jusque dans les profondeurs de son âme ; il lui sembla
» entendre une voix mystérieuse venue de l'autel, qui lui
» disait : « Ma fille, reviens à Dieu et tu seras heureuse en
» ce monde et dans l'autre. » Dès ce moment, elle n'a plus de
» repos jusqu'à ce qu'elle se soit confessée et qu'elle ait
» communié. »

Revenue à Dieu, cette femme convertie est demeurée une
chrétienne fervente et sincère.

La paroisse de Crozant n'est-elle pas une terre privilégiée
avec ce trésor inestimable, ce sanctuaire où durant deux
siècles les fidèles ont trouvé la grâce qui éclaire, qui console
et qui sauve ? Pendant que tout se trouble, s'agite et chan-
celle autour de nous, que tout semble vouloir s'abîmer dans
le gouffre des utopies modernes et de l'impiété triomphante,
Notre-Dame des Places est toujours là au milieu de nous,
pour fortifier aujourd'hui comme hier notre espérance.

CHAPITRE XVI

Fresselines

Il n'est pas de touriste, qui, après la visite au vieux château-fort de Crozant, ne cède au plaisir de faire la classique excursion de Fresselines, dont six kilomètres environ le séparent.

Nous n'avons pas à redire que Fresselines est une charmante bourgade fièrement assise sur un mamelon de forme rectangulaire dominant les Creuse, qui lui font comme une ceinture d'or et d'azur.

Le paysage environnant offre un aspect remarquable par la variété de ses tons, tour à tour heurtés et harmonieux.

Quelle ravissante promenade pour un ami du pittoresque que celle qui, se dirigeant par le pont du Palot, a pour but la vallée de la petite et de la grande Creuse avec retour par le confluent ; le regard embrasse en même temps tout ce qu'il y a de plus triste et de plus gai, de plus agreste et de plus suave, de plus riant et de plus sauvage, de plus délicieux et de plus terrible, un oasis et un désert.

Une monnaie d'or de Trajan a été trouvée dans un champ au xviiie siècle. Plusieurs urnes funéraires, découvertes çà et là, permettent de faire remonter l'origine de cette intéressante bourgade à l'époque gallo-romaine.

Fresselines est aujourd'hui une commune du canton de Dun-le-Palleteau ; elle compte 1.880 habitants.

Le seul monument qui s'offre aux regards du voyageur est l'église, au clocher pointu qui n'a rien de remarquable : vieil édifice des xive et xve siècles, récemment restauré par les soins de l'intelligent et pieux recteur. Dans le transept nord, une chapelle de la Vierge attire l'attention par ses boiseries sur lesquelles le pinceau de l'artiste a reproduit de gracieuses scènes champêtres. De chaque côté de l'autel surgissent deux colonnes avec moulures fouillées avec art.

A peu de distance du bourg, on remarque l'habitation rustique du poète Rollinat, à laquelle se rattache d'émouvants et impérissables souvenirs.

Plus loin, en suivant la route d'Aigurande, apparaît le vieux castel de Puy-Guillon qui domine la petite Creuse. Détruit par les Anglais pendant la guerre de cent ans, il fut reconstruit par le comte de la Marche avec l'assentiment du roi Charles VII. Ce château est resté la propriété des comtes de la Marche jusqu'au xixe siècle. Il fut vendu en 1865 au comte Henri de la Celle par la comtesse de la Marche de la famille des Loubens de Verdale.

Le retour à Crozant peut s'effectuer par la route de Saint-Plantaire.

Parvenu sur les hauteurs qui dominent le bassin de la Creuse, le touriste a devant lui, un vaste et splendide horizon. En face de la vieille forteresse de Crozant avec ses émouvants souvenirs et sa sublime désolation, un tableau d'un nouveau genre s'offre à ses regards, non moins pittoresque et saisissant, avec peut-être moins de sécheresse et d'aridité et plus de poésie.

CHAPITRE XVII

Eguzon

De Crozant à Eguzon, la distance est de dix kilomètres. C'est la halte choisie par les touristes pour se rendre ensuite à Châteaubrun (4 k.) et à Gargilesse (9 k.).

Eguzon (Aiguson), est un chef-lieu de canton du département de l'Indre, dont la population agglomérée est d'environ 460 habitants. La ville se présente sous la forme d'un carrefour d'une superficie de près de 600 ares, où viennent aboutir les routes diverses, qui sont les principales rues de la localité.

Le touriste qui la voit pour la première fois éprouve la sensation d'une bourgade pleine d'air et de soleil, traversée par de beaux chemins bordés de coquettes maisons et de magasins de tout genre.

Les édifices principaux qui fixent l'attention sont :

La Halle, ancien grenier à sel qui appartenait au seigneur d'Eguzon : construction rectangulaire de 25ᵐ de long sur 8ᵐ de large et divisée en six travées, soutenues par vingt-deux poteaux.

L'Eglise, de style ogival, ayant la forme d'une croix latine dont les deux bras sont formés par deux chapelles dédiées à la Sainte-Vierge et Saint-Joseph. Commencée en 1857, continuée en 1873, elle ne fut définitivement achevée qu'en 1873.

Le Château, demeure des anciens seigneurs d'Eguzon, n'offre plus aujourd'hui que l'aspect d'une maison moderne, caché presque entièrement par une porte cochère derrière un épais rideau d'arbustes verts, qui ornent le jardin.

La double entrée est flanquée à gauche d'une tourelle qui disparaît sous un manteau de lierre grimpant en larges spirales.

Il fut construit dans l'enceinte de l'ancienne forteresse féodale, dont il ne reste plus que des murailles déchirées par la main implacable du temps, avec des débris de petites tourelles; les entailles d'un pont-levis, et un large fossé circulaire où croît une herbe abondante. Une tour ronde, avec un toit conique, située à gauche de la porte d'entrée est seule restée debout, comme un témoin solitaire d'une grandeur passée et du néant de l'existence.

La demeure seigneuriale qui s'élevait au centre de l'enceinte circulaire, a disparu vraisemblablement sous Louis XIII, par ordre de Richelieu, abattant ces repaires de la féodalité.

La seigneurie d'Eguzon comprenait le bourg, le village d'Eguzonnet, de Lavaud, de Fressignes, ainsi qu'une partie du village d'Argentière et de la Ferrière.

Le château d'Eguzon devait être compris dans les Marches (*Marchiones*), établies par Pépin, fils de Charlemagne, pour servir de résidences aux commandants des milices chargés de veiller à la garde des marches ou frontières.

Vers l'an 1080, Bernard Iᵉʳ, vicomte de Brosse, qui possédait en grande partie la Haute-Marche, était seigneur d'Eguzon. Cet important manoir seigneurial, occupé successivement par les comtes de Brosse, de Gaucourt, de Rance, de Foucault, de Chamborand, fut acquis, en 1722, par M. Joseph Delacour. Il est demeuré jusqu'à ce jour dans cette ancienne famille (1).

_____

(1) M. Barray, suppléant du juge de paix.

CHAPITRE XVIII

Châteaubrun

Parti d'Eguzon en suivant la route, sinueuse et rapide qui descend au pont des Piles, sous lequel passe la Creuse, le voyageur a devant lui les ruines de Châteaubrun qui arrêtent invinciblement ses regards. Le château, situé dans la commune de Cuzion, est à quatre kilomètres d'Eguzon.

L'ancienne forteresse de Châteaubrun, lamentablement déchue de son antique splendeur, garde toujours au milieu de ses ruines, ce cachet imposant d'un autre âge, d'un âge de fer, que lui avaient imprimé les puissants et fiers sires de Lusignan, de Montgomery et de Montmorency.

« En avant, la façade de Châteaubrun, écrivait George » Sand, se déploie sur un tertre gazonné et planté, bien » assis sur le roc, et tombant en précipice sur un ruisseau » torrentueux. Les arbres, les roches et les pelouses qui » s'en vont en désordre sur ces plants brusquement inclinés » ont une grâce naturelle que les créations de l'art n'eussent » jamais pu surpasser. »

Le fief de Châteaubrun avait peut-être peu d'importance par les terres qui en dépendaient; mais il en avait beaucoup par les *prestations* ou droits honorifiques qui s'exerçaient sur un vaste territoire où le seigneur avait les attributions de haute, moyenne et basse justice.

Il y a quelques années, Châteaubrun, à l'intérieur, comme à l'extérieur n'était qu'un amas de ruines, un assemblage bizarre de tours demantelées, de murailles croulant de toutes part, et çà et là des décombres informes; mais par les soins intelligents de son nouveau châtelain, le vieux manoir a retrouvé quelque chose de son passé qui fut beau.

Placé en face de cette forteresse, on a bien l'impression d'un abri sûr et redoutable, à une époque où les rois, comme leurs vassaux étaient contraints de se défendre contre les ennemis du dehors.

A l'entrée du château, on est en présence d'un portail en ogive de proportions formidables, fermé d'une grille qui a remplacé la herse seigneuriale.

Trois longs fossés entourent la forteresse et la protègent contre toute invasion. Le côté nord, occupant la crête d'une pente rapide et escarpée, n'avait pas besoin de ce moyen de défense.

Près de la porte d'entrée, à droite, et formant l'un des angles du château s'élève la grosse tour du corps de garde. Elle renferme une grande et belle salle, de forme quadrangulaire, à pans coupés, entourée de pilastres et de colonnes gothiques, avec une cheminée monumentale, éclairée par des fenêtres géminées.

Ce qui fixe surtout les regards c'est le donjon, immense tour ronde de 28 mètres de hauteur et 11^{m}60 de diamètre intérieur.

C'était bien l'inexpugnable forteresse, placée, partie en dehors, partie en dedans de la muraille d'enceinte, et probablement l'unique tour du château dans les premiers temps.

On peut admirer la salle des gardes de forme octogonale, dont chacun des pans terminés en voussure a environ neuf mètres de largeur, avec une immense cheminée. Près de là, une trappe qui ferme l'entrée d'un cachot de forme circulaire, voûté en hémisphère, et éclairé par une seule fenêtre de deux mètres de hauteur, sur 15 centimètres de largeur. Près de là, on voit encore un caveau profond où étaient enfermés les prisonniers de guerre.

Dans l'angle le plus reculé du château, on découvre une porte taillée dans la muraille d'enceinte donnant accès à un souterrain qui aboutit à la rivière, sans doute pour favoriser l'évasion en cas de siège.

Au rez-de-chaussée, et à droite en entrant, se trouvait la cuisine, à laquelle était annexée la petite tour ronde ; à gauche la salle à manger, où on remarque une cheminée en pierre blanche, artistement sculptée. Au premier étage et au-dessus de cet appartement était le salon d'honneur, vaste et somptueux, peint à fresques, avec de grands écussons ornés de fleurs de lys.

A peu de distance du donjon, on voit les débris de l'ancienne chapelle du château, qui a été démolie en 1835, et dont les restes épars attestent un fort bel édifice religieux.

Dans une notice historique, Fauconneau Dufresne attribue, d'après la tradition, la forteresse de Chateaubrun à Hugues, sire de Lusignan, dit le Brun.

D'autre part, on lit dans l'*Histoire du Bas-Berry* qu'Adalbert IV de Montgomery, qui l'avait possédé antérieurement, prit la croix et partit pour les croisades pour ne plus revenir.

Il avait vendu ses biens au roi d'Angleterre. Mais la vente ne fut pas exécutée : la maison de Lusignan fit valoir ses droits et s'empara de cette terre par la force des armes (1116 à 1243).

Vers l'an 1290, Pierre de Naillac s'intitule seigneur du Blanc, de Châteaubrun et de Gargilesse. Guillaume II de

Naillac prend le même titre, ainsi que son fils, Jean de Naillac.

En 1426, le château tomba entre les mains de la puissante famille de Gaucourt, seigneur de Cluis, d'Eguzon et autres lieux.

En 1593, cette terre seigneuriale passa dans la famille de Montmorency, par une alliance de Marie de Beaune.

Jean Nicolas de Montmorency, mort en 1746, légua son domaine à sa cousine, Gabrielle de La Marche, épouse de Pierre de Forges. Son fils aîné, Pierre II de Forges mourut à Argenton en 1802, laissant quatre enfants, parmi lesquels une fille fort distinguée épousa le célèbre Royer Collard, qui en prit possession. Dès 1817, la vieille forteresse passa en différentes mains et fut enfin achetée par M. Nicolas Langlois, qui, après l'avoir convenablement restaurée, en a fait sa charmante habitation.

CHAPITRE XIX

Gargilesse

Gargilesse, depuis l'époque où la célèbre George Sand en fit sa terre d'adoption, n'a cessé d'exercer sur les esprits enthousiastes la magique puissance du merveilleux dans la nature et dans l'art, où l'on suit la trace du philosophe et du poète en proie au rêve fantastique d'un passé, mêlé d'ombres et de lumière, de grandeur et de néant.

Cette pittoresque bourgade (5 kil. de Châteaubrun) devient pour un grand nombre de touristes comme le complément irrésistible de leur excursion dans ce charmant coin du monde.

« De Châteaubrun à Gargilesse, dit George Sand, c'est le
» paradis et le chaos que l'on trouve tour à tour. On y re-
» marque une suite de tableaux adorables et grandioses,
» changeant d'aspect à chaque pas : la rivière étant fort si-
» nueuse bat les rochers en bien des endroits.

» On découvre des plans toujours nouveaux, merveilleu-

» sement composés et enchaînés les uns aux autres, comme
» une suite de rêves poétiques.

» La physionomie de cette région est naïve et comme parée
» des grâces de l'enfance. On traverse parfois d'étroites
» prairies ombragées d'arbres superbes : pas un brin de
» mousse ne se voit sur leurs tiges brillantes et satinées, et
» dans les foins touffus pas un brin d'herbe qui ne soit une
» fleur... »

Après avoir atteint le sommet de la colline qui surplombe
la vallée de la Creuse, la route, de plus en plus rapide, nous
laisse apercevoir, à 1.500 mètres environ, le bourg de Gargilesse, qui semble surgir d'un précipice.

« Dans cette vallée, on trouve des blocs de granit magnifiques, roulés et amenés par la Creuse, qui n'appartiennent
nullement au terrain primitif de ces lieux.

» Un peu en aval, la rivière décrit une courbe où elle se brise
en cascades contre les galets qu'elle entraîne dans sa course.
Là, des zones d'herbes fraîches, de délicieuses pelouses, une
riche végétation tapisse le fond de la vallée, entrecoupée de
masses de peupliers, d'aulnes et de saules, qui en font un
paysage plein d'enchantement.

» Les eaux de la Creuse, ombragées par les grands arbres,
paraissent, en cet endroit, noires et mortes, d'où le nom de
Vallée noire et de Pont noir, qui est un des trois ponts qui
font communiquer entre elles les deux rives de la Creuse,
dans le canton d'Eguzon.

» Au Pont noir, la vallée de la Creuse est d'un pittoresque
féerique et offre aux yeux éblouis un des plus merveilleux
paysages de la contrée.

» Sur la rive droite de la Creuse, les collines escarpées et
rocheuses qui encaissent la rivière s'écartent brusquement
pour livrer passage à la Gargilesse, dont on aperçoit le
confluent à une faible distance.

» Abandonnant le Pont noir et en suivant le chemin qui s'ouvre à droite, le voyageur arrive avec enchantement au bourg de Gargilesse. »

Le bourg de Gargilesse, bâti en cône sur une éminence escarpée, est remarquable par sa belle église et son ancien monastère. Les maisons s'étagent le long des collines qui encadrent la rivière qui lui a donné son nom.

Sa population est d'environ 880 habitants.

Il est traversé par le chemin vicinal qui vient de Cuzion. C'est là que l'illustre George Sand se créa son nid d'aigle.

Elle en a donné elle-même cette description :

« Un seul grand arbre ombrage sa petite place, qui d'un
» côté domine le précipice et de l'autre côté se pare naturel-
» lement d'un énorme bloc isolé.

» C'est un nid bâti au fond d'un entonnoir de collines
» rocheuses où se sont glissées des zones de terre végétale.
» Au-dessus de ces collines s'étend un second amphithéâtre
» plus élevé. Ainsi, de toutes parts, le vent se brise au-des-
» sus de la vallée, et de faibles souffles ne pénètrent au fond
» de la gorge que pour lui donner la fraîcheur nécessaire à
» la vie. Mais vingt sources, courant dans les plis du rocher
» ou surgissant dans les enclos herbus entretiennent la
» beauté de la végétation environnante. »

On rencontre dans ce petit coin de terre le climat de la Provence, et une flore assez semblable à celle de la région méditerranéenne.

Le vieux château, l'église et la nouvelle construction du dernier marquis de Gargilesse, tout cela se tient et se trouve encastré dans la même enceinte. On peut dire que l'on trouve rarement une situation plus étrangement mystérieuse et romantique.

Le manoir seigneurial soutient le chevet de l'église et ne montre plus aujourd'hui que quelques tours délabrées et un mur d'enceinte écroulé qui occupe une position d'un difficile accès, au sommet d'un rocher s'élevant presque à pic du fond de la vallée de la Gargilesse.

La seigneurie de Gargilesse appartenait, dès l'origine, à l'opulente maison de Naillac et relevait de la baronnie de Châteauroux.

Dès le xii° siècle, Hugues de Naillac, premier du nom, rendait foi et hommage pour le châtel et la châtellenie de Gargilesse à André de Chauvigny, comme époux de Denise Déols, et se reconnaissait son homme-lige.

Hugues II de Naillac fonda le prieuré du Pin vers 1230 et le dota richement.

Guillaume Ier de Naillac, fils et successeur de Hugues II, a son tombeau dans l'église.

Pierre Ier de Naillac, en 1290, s'intitule seigneur du Blanc, de Châteaubrun, de Gargilesse et vicomte de Bridiers. Guillaume II de Naillac prend les mêmes titres, ainsi que son fils Jean de Naillac.

Cette seigneurie passa ensuite par une alliance dans la puissante famille des Gaucourt pour passer plus tard dans les mains de du Breuil de Bost, seigneur du Broulet. Charles du Breuil de Bost épousa Anne de Chamborand, fille d'Etienne de Chamborand, seigneur d'Eguzon et autres lieux, qui mourut en 1672.

Pendant les guerres de la Fronde, en 1650, Charles du Bost, partisan du prince de Condé, fut assiégé dans son château par le comte de Saint-Amand. Le manque d'eau et de munitions, joint à une révolte parmi les fusiliers, obligèrent les assiégés de se rendre à discrétion le surlendemain. La garnison, composée de 91 hommes de guerre, 29 valets et 150 chevaux, tomba glorieusement au pouvoir du vainqueur.

L'ancienne seigneurie appartient actuellement au vicomte de Montsaulin, par suite de son mariage avec Marie-Thérèse du Breuil de Bost.

L'église, qui est classée comme monument historique, peut être rangée au nombre des créations les plus parfaites et les mieux conservées que nous ait légué l'art des xi° et xii° siècles. L'harmonie de son ensemble et de ses proportions, la profusion et la richesse des ornements qui décorent les chapiteaux de ses colonnes en fait un admirable type de l'élégante architecture romano-bysantine.

Les chapiteaux historiés du chœur et les peintures murales qui ornent la voûte de l'abside paraissent être du xv° siècle. Le Christ, assis dans un nimbe d'or qui surmonte le maître-autel de la nef supérieure, est d'une époque antérieure, probablement de l'époque de la construction de l'église.

Les nefs latérales, étroites à leur origine, s'élargissent en se rapprochant du chœur et se terminent par des chapelles arrondies qui accompagnent l'abside principale.

Dans les bas côtés existent deux escaliers symétriques par lesquels on descend dans une crypte qui s'étend sous le chœur et le transept de l'église.

Elle était autrefois ornée de peintures à fresques représentant divers sujets tirés du Nouveau Testament; elles sont aujourd'hui bien détériorées.

C'est au-dessus de la crypte et à droite du maître autel que le tombeau de Guillaume I⁰ʳ de Naillac a été placé. Il est représenté les mains jointes, la tête reposant sur un coussin aux côtés duquel se tiennent deux petits anges agenouillés. Il est vêtu d'une longue tunique serrée par une ceinture à laquelle est suspendue une aumônière; près de lui une énorme épée et à ses pieds le léopard passant de son blason.

Autour de ces monuments d'un autre âge, vit en paix tout une population d'humbles et paisibles cultivateurs. On peut dire que tout est demeuré rustique, agreste et pastoral dans cette ravissante oasis de Gargilesse.

A une faible distance du bourg, le touriste peut suivre le

chemin qui se trouve sur la rive droite de la Creuse et gravir le coteau pour atteindre le bourg du Pin, dont la merveilleuse situation domine la vallée et fait les délices des artistes qui, chaque année, viennent s'y installer plusieurs mois. C'est dans eette bourgade que, comme nous l'avons dit, Hugues II de Naillac fonda un prieuré dans l'église duquel, chaque année, le jeudi-saint, le seigneur de Gargilesse venait faire la cérémonie du lavement des pieds à treize pauvres, comme cela se pratique encore dans nos cathédrales.

Ainsi se manifestait la foi des pieux chevaliers qui furent, dans le moyen âge, l'honneur et la gloire de la France.

APPENDICE

Pièces justificatives

Mesure de grains de Crozant, 1641

Le boisseau en usage valait exactement quatorze litres, neuf décilitres.

Le setier de Crozant, employé à Eguzon, était de huit boisseaux pour le froment et le seigle, et de seize boisseaux pour l'avoine.

(*Histoire d'Eguzon*, par...).

Requête au juge-châtelain de Crozant, 1673

En 1673, messire Denys Le Granger, curé d'Eguzon, fait requête à messire le châtelain et juge royal ordinaire de Crozant, par laquelle il demande l'autorisation de faire saisir Gabriel Galand, seigneur de Jarrige, pour avoir à lui payer la rente annuelle qui lui est due.

(*Archives communales de Crozant*).

Nomination de Jean Perperot, comme procureur de Dun, Crozant, Lafat, Saint-Germain et Mandrezat, 1762

Nous, Michel Comte, régisseur général du marquisat de Saint-Germain-Beaupré, comté de Dun, Crozant, Les Places et autres terres en dépendant, appartenant à très haute et très puissante Dame Anne-Françoise Foucault, épouse d'Alexandre-Auguste de Grivel, seigneur, marquis d'Auroy :

Etant bien informé des bonnes vie et mœurs, religion catholique et romaine, science, expérience, en fait de pratique, de Jean Perperot, notaire royal héréditaire en la résidence de Crozant, sur le bon plaisir du seigneur et Dame, lui avons accordé le titre de procureur de la justice de Dun, Crozant, Lafat, Saint-Germain, Mandrezat, à l'effet par lui d'en jouir avec honneurs, prérogatives, et privilèges, émoluments y attachés, à la charge de se faire recevoir au dit état de procureur par les officiers de justice.

Donné à Saint-Germain-Beaupré, 28 décembre 1762.

MICHEL.

(*Archives communales de Crozant*).

Saisie sur le comté de Crozant, etc., 1770

Sur le comté de Crozant, consistant en un château en ruines, deux moulins, cens, rentes, droits et devoirs dépendant de la dite comté, assis et dus sur la paroisse de Crozant, Saint-Plantaire, Champtôme, Bazelat, Lafat, Saint-Sébastien, Parnac, Eguzon, Banise, Baraize, Cuzion, Fresselines, Mouhet, Chambon-Sainte-Croix, Lourdoueix-Saint-Michel...........................
....

Le corps de garde situé au village de la Hute, paroisse de Saint-Plantaire, composé de quatre chambres basses et grenier par dessus, joignant la masure d'une ancienne chapelle, dépendant du couvent de Longuefond.

La terre, seigneurie et comté des Places, consistant en un château, chapelle, cours, jardins et dépendances, situés sur la dite paroisse de Crozant en Marche.
....

Dépend en sus de la dite seigneurie le droit de nommer et de présenter un chapelain à la chapelle de la dite seigneurie des Places.
....

La comté, terre, seigneurie de Dun, consistant en un ancien château ruiné, et un autre château en pavillon, grenier à sel à côté, écuries, bâtiments et jardin en dépendant, la tour servant de prison dans le préau d'icelle, le tout entouré de fossés, sis au bourg de Dun, avec le droit de haute, moyenne et basse justice.

(*Archives communales de Crozant*).

Acte de naissance de Jean-Gabriel-François Foucault, 1689

Le 21 mas 1689, est né Jean-Gabriel-François, fils de haut et puissant seigneur, Gabriel-François Foucault, comte de Saint-Germain et des Places et autres lieux, et de Dame Marie Desprez, et a été baptisé le 22 du même mois.

A été parrain, messire Jean Poute, chevalier, seigneur de Saint-Sornin, pour messire Jean Desprez, chevalier, seigneur de Fredières, et marraine Dame Magdelaine Gilbert, femme de M. Henry Dumont, intendant de M. le marquis de Saint-Germain, gouverneur de la Haute et Basse-Marche, pour haute et puissante Dame Agnès de Bulleuls, et qui ont signés :

Auzanet, curé.

Guillerot, juge de la Chapelle Balouë ; Pierperot, Jean Poute.

Gisolnne, vicaire.

(*Archives communales de Crozant*).

Acte de décès de haut et puissant seigneur, Gabriel-François Foucault, 1689

Le dix-sept décembre 1689, a été inhumé par moi soussigné, dans la chapelle des Places, haut et puissant seigneur Gabriel-François Foucault, chevalier, seigneur comte de Crozant, Les Places et autres lieux, décédé à Frédières, paroisse de Peiza, en Angoumois, le 25 novembre 1689, âgé de quarante ans ou environ.

Auzanet, curé.

(*Archives communales de Crozant*).

Notables de la paroisse de Crozant

1625. — Pierre Perperot, notaire royal.
1665. — Gaucher, religieux cordelier.
1672. — Pierre de Genillon, notaire royal, fermier de la seigneurie des Places.
1673. — Pierre Perperot, chirurgien (Villeneuve).
1678. — Gabriel Mongie, notaire royal (Maltière).
1678. — Silvain Dargier, escuyer, sieur du Puy-Baron.
1679. — Jean Periot, maître chirurgien.

1680. — Honoré Couraud, escuyer, sieur Despagnes.

1681. — Marcel Fraucatin, advocat en parlement, fermier des Places.

1684. — Joseph Dupertuy, sieur du Pêcher.

1686. — Aubignac, juge.

1696. — Gay Couraud, escuyer, de Beaucheté.

1744. — Louis Baret, sieur de la Maltière.

1754-1762. — Labat (Léonard), lieutenant dans les fermes du roi et de la gabelle.

1762. — Jean Perperot, notaire royal, procureur de Crozant, etc.

1781. — Louis Mongie (château de Grancher).

1783. — Pierre Guillerot, fermier des Places.

1786. — Barré chirurgien, juré (Maltière).

1790. — Gabriel Perperot, procureur au siège royal de Crozant.

1794. — Gabriel Perperot, notaire public, au bourg de Crozant.

1795. — Dupertuy, agent municipal.
          Labertonnière, adjoint.

1795. — Jean Petitpied, huissier (sergettes).

1796. — Gaillardin, officier public, Labertonnière, adjoint.

(*Archives communales de Crozant*).

Note de dépenses de l'église de Crozant, 1661-1666

1° Envoyé quérir les saintes huiles à Argenton, Payé 25 l.

2° Donné, pour l'achat de trois cordes de cloche, 40 l.

3° Donné aux porte-croix, chantres et autres, le jour de la fête de St-Marc, pour procession à la chapelle des Places, 15 l.

4° Donné au porte-croix, bannière et chantres, le jour de la procession à Chantôme, 25 l.

5° Reçu, pour le jour de la fête du corps de Jésus-Christ, 25 l.

6° Reçu, le jour de l'octave de la fête du corps de Jésus-Christ, 25 l.

Drcunnox, Silvain, prieur.

(*Archives de la fabrique de la paroisse*).

Service dans l'église de Crozant, 1773

En 1773, Hugues III, comte de la Marche, ordonne par testament authentique qu'un service soit célébré annuellement pour le repos de son âme dans l'église de Crozant.

Un fils de Michel Galand, sieur de la Varenne et de Granché, prieur de St-Placide-de-Crozant et St-Prié-de-Vignac (ordre de Benoist) en 1671.

Dans un procès-verbal de la bénédiction d'une cloche à St-Germain-Beaupré, M. de Châtelus, curé de cette paroisse, était assisté dans cette cérémonie de Pierre Dupertuy, prieur, curé d'Azérable et chapelain des Places en 1750.

Inscription de la cloche de Crozant, 1872

J'ai été bénite l'an 1872, Blaise Bourguignon, curé; J.-B. Trégnier, maire; André Brigand, sacristain.

Parrain : Félix Boudier.

Marraine : Marie Trégnier.

Sancte Stephane, sancte Placide et socii, orate pro nobis.

Statistique du clergé de Crozant et des Places

1625. — Galateau, curé.
Baret, vicaire.

1661. — Dusuin, curé.

1665. — Auzanet, curé.
Maret, chapelain des Places.
Gaucher, religieux cordelier, prieur de St-Placide.

1667. — Gaucher, religieux cordelier, prieur de St-Placide.

1671. — Auzanet, curé de Crozant.
Galand, prieur de St-Placide.

1672. — Auzanet, curé.

1673. — E. Maret, prêtre desservant la chapelle des Places.
Auzanet, prieur de St-Placide.

1680. — Auzanet, curé.
Dubois, vicaire.

1687. — Auzanet, curé.
Maret, desservant la chapelle des Places, inhumé dans le chœur de l'église.

1689. — Auzanet, curé.
Gisolnne, vicaire.

1691. — Auzanet, curé.
Meigneil, vicaire.

1693. — Dupuy, vicaire.

1696. — Auzanet, curé.
Poissonnier, vicaire.

1699 — Auzanet, curé.
Perpérot, vicaire.

1703. - Pinaud, vicaire.

1705-1706. — Godin, vicaire.
Dantigny, vicaire.

1709. — Auzanet, curé.
Feuiller, vicaire.

1710. — Delaligerie, curé.
Moreau, vicaire.

1718. — Delaligerie, curé.
Jacquet, vicaire.
Colin, vicaire.

1733. — Caillaud, vicaire.
1736. — Delaligerie, curé (inhumé dans le chœur de
   l'église).
   Moreau, vicaire.
1737. — Massard, curé.
1742-1748. — Pantecoulaud, curé.
   Achard, vicaire.
   Viniaud, vicaire.
1748. — François Michellet, curé
   Achard, vicaire.
   Vinaud, vicaire.
   Dupertuy, diacre.
   Boyron, sous-diacre.
1750. — Dupertuy, vicaire.
1751. — Mazie, diacre.
1752. — François Michellet, curé
   Duchet, vicaire.
1753. — Ovayre, vicaire.
1758. — Chatelus, vicaire.
1759. — François Michellet, curé
   Chabanier, vicaire.
1761. — Belleaux, vicaire.
1763. — Perperot, vicaire.
1768. — Lecointre, vicaire.
1770. — Michellet, curé.
   Dupuy, vicaire.
   Pierre Dupertuy, prieur
   curé d'Azérables, cha-
   pelain des Places.
1771. — Devilestivaud, vicaire.
1773. — Dareau, vicaire.
1776. — Michellet, curé.
   Jory, vicaire.
1780. — Michellet, curé.

1781. — Michellet, vicaire.
1784. — Pascaud, curé.
   Bretz, vicaire.
1786. — Pascaud, curé.
   Aubry, vicaire.
1791. — Louis Pascaud, curé(1).
   Aubri, vicaire, nommé
   curé de Lourdoueix-
   St-Michel (1804).
   François Michelet des-
   servit la paroisse.
1793. — Boyron, curé.
   Henri Perier, sous-
   diacre.
1803. — Pierre Malet,
1804. — Jean-Joseph-Annet Michelet, nommé curé
   d'Anzème, † 1807.
1805. — Pierre Fourgniaud.
1818. — Victor-Augustin Au-
   tourde de Boussac,
   nommé en 1827 à la
   cure de Dun-le-Pal-
   leteau, † 1841.
1827. — Silvain Nichon (mort à
   St-Vaulry, le 31 juil-
   let 1848).
1848. — De Lavallade, Léon,
   d'Aubusson.
1850. — François Bourguignon,
   nommé à Châtelus.
1876. — Delarbre, F., nommé curé
   St-Sulpice-les-Champs.
1888. — Louis-Joseph Rouzier,
   nommé curé en 1888.

(Archives communales et documents divers).

(1) Louis Pascaud, curé de Crozant, qui signait les Cahiers de la
Marche en 1789, se trouve en 1793 sur la liste des prêtres fidèles qui
ont été déportés ou emprisonnés. François Michelet desservit la paroisse avant et après la Révolution.

Extraits des actes de vente du château de Crozant

I. — *Vente à Henri Foucault de Saint-Germain-Beaupré, 1640*

Par arrêté royal du conseil d'Etat, tenu à Rouen, en date du vingt huitième janvier seize cent quarante, Sa Majesté le Roy, pour subvenir aux dépenses pressées de la guerre, ayant en vue l'aliénation de la terre, seigneurie et château de Crozant, dépendant du domaine de son comté de la Marche, a ordonné en son conseil aux trésoriers de France de la généralité de Moulins, de donner leur avis à son dit conseil, sur la consistance, valeur et revenu de la dite châtellenie de Crozant, et sur quel pied il estimait que Sa Majesté le pouvait justement engager.

Cette estimation ordonnée par l'arrêté ci-dessus rapporté a été faite par Jean-Baptiste Brimon, escuyer, sieur de Beauvay, conseiller du Roy, trésorier de France et général de ses finances au Bureau établi à Moulins, commis à cet effet et suivant procès-verbal, en date des quinze, dix-sept, vingt-deux, vingt-trois, vingt-quatre, vingt-cinq, vingt-six février mil six cent quarante.

Par ce procès-verbal, le trésorier général de France décrit ainsi le château de Crozant :

« Nous nous sommes fait conduire au château du dit lieu de Crozant, lequel est situé derrière l'église du dit bourg, sur un roc escarpé de tous côtés, et entouré des rivières de Creuse et de Cedelle, qui s'assemblent à la pointe du dit rocq.

» On voit encore trois tours rondes et une tour carrée, toutes ruinées et démolies, et une en forme de portail dont il ne reste que l'entrée seule.

» Suivant une ordonnance royale, en date du seize avril seize cent quarante, Sa Majesté le Roy, en exécution des actes sus rapportés, fit prescrire pour l'aliénation et engagement de la comté et châtellenie de Crozant et dépendances, dépendant du domaine de la Couronne.

» Suivant procès-verbal d'adjudication en date du seize mai seize cent quarante, Messieurs les commissaires généraux en la généralité de Moulins, députés par le roi pour la vente de son domaine, en vertu de l'édit du mois de mars seize cent dix-neuf; de la déclaration du quatre décembre seize cent trente-cinq, de l'arrêt du conseil d'Etat sus rapporté, et du pouvoir donné par Sa Majesté, par ses lettres patentes de commission du treize mars seize cent quarante. Après avoir constaté l'accomplissement des formalités, prononcèrent l'adjudication de la terre et châtellenie de Crozant, ses appartenances et dependances, sous là réserve du droit de rachat, au profit du Roy, en faveur de Nicolas Arnoul, plus offrant et dernier enchérisseur, lequel déclara, à l'instant, avoir fait les offres pour messire Henry Foucault, chevalier, seigneur de Saint-Germain-Beaupré, capitaine d'une compagnie de chevau-légers, entretenus pour le service de Sa Majesté, et par le même acte, ils accordèrent et délivrèrent à ce dernier contrat de vente et engagement, à la charge par lui de payer comptant à Monsieur Marc Bertrand, sieur de la Bazinière, conseiller du Roy en son conseil d'État et trésorier de son espargne, la somme de vingt mille francs, tant en principal qu'en deux sols pour livre, ce qui eut lieu :

» Au dit procès-verbal d'adjudication, fut annexée la quittance de vingt mille livres, y compris deux sols pour livre pour le montant de la dite adjudication, donnée au dit seigneur de Saint-Germain-Beaupré par le trésorier, quatre mai seize cent quarante.

» Suivant procès-verbal, dressé par le sieur Etienne Laboreys, sieur de la Pigne, conseiller du roi, lieutenant particulier pour Sa Majesté en la sénéchaussée et siège présidial de la Marche, le sept juin seize cent quarante, messire Henry Foucault, seigneur de Saint-Germain-Beaupré, fut mis en possession et jouissance de la terre et châtellenie de Crozant, ses appartenances et dépendances » (1).

II. — *Vente à Silvain de La Marche, 1786*

Suivant contrat, reçu par Maître Charles Boutet, conseiller du roi, notaire au Châtelet de Paris, en date, au château de Persan, près Beaumont-sur-Oise, du quinze juin dix-sept cent quatre-vingt-six, insinué à Fresselines, pour les fonds sis dans l'arrondissement de ce Bureau, le cinq juillet dix-sept cent quatre-vingt-six, par Lasnier, qui a reçu les droits à Éguzon, pour les fonds de l'arrondissement de ce Bureau, le six juillet dix-sept cent quatre-vingt-six, par Delacour, qui a reçu les droits.

Haut et puissant seigneur Anne-Nicolas Doublet de Persan, chevalier, marquis de Persan, de Saint-Germain-Beaupré et de Mons, seigneur, patron de Canteloup, Saint-Aubin-sur-Yonne, Duplessis près Melun et autres lieux, conseiller du roi, maître des requêtes ordinaires en ses conseils, conseiller honoraire au Parlement de Paris ;

Et puissante dame, Anne-Adélaïde Aymeric de Gazeau, son épouse, de lui autorisée à cet effet, demeurant ordinairement à

(1) M. Mazet, dans son étude sur *Crozant*, reproduit cet acte *in-extenso*.

Paris, en leur hôtel, rue des Petits-Augustins, faubourg Saint-Germain-des-Prés, paroisse Saint-Sulpice, et alors en leur château de Persan, ont vendu, cédé, quitté, délaissé et transporté avec toute garantie et solidairement, à haut et puissant seigneur Silvain de La Marche, chevalier honoraire de l'ordre de Malte, seigneur de Pierrefitte, Beauregard, Saint-Plantaire et autres lieux, et notamment le domaine engagé de la terre, comté et châtellenie de Crozant, ses appartenances et dépendances, tels que le dit seigneur, marquis de Persan en avait joui, conformément aux dernières déclarations du Roi, et tels que les biens vendus appartenaient au dit marquis de Persan, comme les ayant acquis des représentants de messire Foucault de Saint-Germain-Beaupré, dénommés et qualifiés au dit contrat, suivant acte passé devant Maître Gobert et son confrère, notaires à Paris, le vingt juin dix-sept cent soixante-huit, moyennant le prix de cent quarante-cinq mille neuf cent soixante livres, francs deniers.

Et Silvain de La Marche, comte de la Marche, fut mis en possession des immeubles par lui acquis, suivant procès-verbal dressé par Maître Lasnier, notaire royal du ressort de la sénéchaussée et siège présidial de La Marche, à Guéret, et à la résidence de Fresselines, en date des onze et douze juillet dix-sept cent quatre-vingt-six.

Vente du Château des Places à Joseph Périot, 1809

« Devant Me Pierre Delacou, notaire à Eguzon, du 10 décem-
» bre 1809, vente par Jean-Baptiste-Antoine de la Marche, pro-
» priétaire, demeurant à Puiguillon, commune de Fresselines,
» ayant agi tant en son nom que comme fondé de la procuration
» de François-Gabriel et Jean-Louis de la Marche ses frères.

» A Joseph Périot, demeurant à Villeneuve, comme de Cro-
» zant :

» Du domaine et métairie dit des Places : maison de maître,
une chapelle, un étang. Montant : 49.375 fr.

La famille Périot

Périot (Joseph), de Villeneuve, époux de Françoise Bazennery, fut possesseur du château des Places en 1809 et y mourut le 2 août 1824, à l'âge de soixante-et-onze ans.

Il eut trois enfants : François ; Hortense, épouse de Chauvat (Jean), et Anne, épouse de Wasmer.

François Périot demeura seul possesseur du domaine des Places en 1825. De son mariage avec Jeanne Jupile-Boisverd, en 1821, naquirent trois enfants : Floride, épouse de Doreau (Joseph); Augustine, épouse de Goguyer, et Herminie, épouse de Vidal (Pierre). Il mourut au château des Places, le 6 janvier 1884, à l'âge de quatre-vingt-quinze ans.

Extrait des mémoires du comte Attale de la Marche, 1896

La Marche fut érigée en comté par Charlemagne, vers 778.

Le comté administré d'abord par des gouverneurs avec le titre de comte, devint héréditaire en 860.

Après avoir été possédé ainsi par plusieurs familles toutes alliées entre elles, il fit retour au domaine royal en 1309.

Le château de Crozant était la propriété et la résidence des comte de la Marche (1).

En 1640, le château de Crozant fut aliéné, en vertu d'une ordonnance royale pour subvenir aux frais de la guerre.

Le procès-verbal d'estimation que j'ai entre les mains décrit les ruines de Crozant commencées depuis longtemps.

L'adjudication définitive fut prononcée au prix de 40.000 lvres, au profit de messire Henri-François Foucault, chevalier, seigneur de Saint-Germain-Beaupré.

En 1786, haut et puissant seigneur Anne-Nicolas de Persan, chevalier, marquis de Persan, etc., etc., et son épouse, ont vendu moyennant 145.960 livres, à haut et puissant seigneur Silvain de la Marche, comte de la Marche, chevalier de l'ordre de Malte, ancien officier au régiment de Bretagne, etc., etc., divers immeubles, tels que la terre seigneuriale et comté des Places, le fief de Beaumont et autres, et notamment le domaine engagé de la terre, comté et châtellenie de Crozant, ses appartenances et dépendances, tels que le dit seigneur, marquis de Persan les avait acquis des représentants de messire Foucault de Saint-Germain-Beaupré.

Silvain de la Marche, mon grand-père, faisait cette acquisition principalement parce que ses ancêtres avaient possédé le comté de Crozant comme comtes héréditaires de la Marche de 966 à 1177, que, par leurs alliances, ils pouvaient remonter aux premiers comtes qui avaient possédé ce comté, qui resta dans une

---

(1) JOUILLETTON, *Histoire de la Marche*, tomes Ier et IIe.

famille alliée, celle des Lusignan, jusqu'en 1309, époque où il fit retour à la couronne de France.

Aujourd'hui, les ruines du château de Crozant m'appartiennent indivisément.

Un jugement du tribunal civil de Guéret fut rendu, en 1858, à mon profit et à celui de mes co-héritiers, contre la section du bourg de Crozant qui revendiquait ces ruines.

Attale DE LA MARCHE.

(Chartrier de M. le comte de la Marche.)

Index bibliographique

1. Histoire de la Marche, par Jouilletton. — *Guéret, Betoulle*, 1814, 2 vol. in-8°.

2. Mémoires de la Société des sciences naturelles et archéologiques de la Creuse, tome II. — *Guéret, Dugenest*, 1857, 1 vol. in-8°.

3. Notice historique sur le culte de la Sainte-Vierge dans le diocèse de Limoges, par l'abbé Roy de Pierrefitte. — *Limoges, Chapoulaud*, 1858, in-8°.

4. Mémoires de la Société des antiquaires de l'Ouest, t. XXVI (années 1860-61). Art. du Dr de Beaufort.

5. Le Château de Saint-Germain-Beaupré, par l'abbé P. Ratier. — *Limoges, H. Ducourtieux*, 1862, in-8°.

6. Notice sur Crozant, par Fauconneau Dufresne, extrait de *l'Echo du Blanc*, 1871. — *Le Blanc, A. de Saint-Thibault*.

7. Esquisses Marchoises, par Louis Duval. — *Guéret, vᵉ Betoulle*, 1871, in-8°.

8. Chartes communales du département de la Creuse, par Louis Duval. — *Guéret, Dugenest*, 1877, in-8°.

9. Géographie du département de la Creuse, par A. Joanne. — *Paris, Hachette*, 1882, in-18.

10. Mémoires du Président Chorllon, publiés par F. Autorde. — *Guéret, Amiault*, 1886, in-8°.

11. France, Auvergne, Centre, par Paul Joanne. — *Paris, Hachette*, 1886, in-18.

12. Grand dictionnaire historique, généalogique et biographique de la Haute-Marche, par Ambroise Tardieu.

13. La Souterraine, Bridiers, Saint-Germain-Beaupré, et ses seigneurs, par Camille Jouhanneaud. — *Limoges, vᵉ H. Ducourtieux*, 1893, in-8°.

14. Crozant, par Albert Mazet, architecte, membre de la Société archéologique du Limousin. — *Limoges, vᵉ H. Ducourtieux*, 1895, in-8.

TABLE DES MATIÈRES

CHAPITRE XVI

APPENDICE

PIÈCES JUSTIFICATIVES

GRAVURES

Limoges. — Imp. Ducourtieux et Gout, rue des Arènes.

www.ingramcontent.com/pod-product-compliance
Lightning Source LLC
Chambersburg PA
CBHW060805110426
42739CB00032BA/2829